UMBAU 28
Das Geschäft mit der Stadt. Zum Verhältnis von Ökonomie, Architektur und Stadtplanung

Österreichische Gesellschaft für Architektur – ÖGFA (Hrsg.)

Birkhäuser
Basel

UM_BAU
28

Editorial

Es ist (wieder einmal) soweit: Mit UMBAU 28 erscheint die Zeitschrift der Österreichischen Gesellschaft für Architektur in einem neuen Konzept. Seit der ersten Ausgabe im Dezember 1979 hat der UMBAU etliche Generationswechsel und kleinere oder größere Adaptierungen erfahren. Das publizistische Umfeld hat sich seit damals ebenso oft gewandelt. War 1979 das Verebben einer kritischen Berichterstattung über Architektur nach dem Ende des BAU und der regelmäßigen Architekturkritiken Friedrich Achleitners in der *Presse* 1971 für eine neue Generation im ÖGFA-Vorstand unmittelbarer Anlass, diese Zeitschrift ins Leben zu rufen, so schlug das Pendel zehn Jahre später um. Seither ist Architekturjournalismus zu einem fixen Bestandteil der Qualitätsmedien geworden, hat dabei aber seinen kritischen Anspruch in den meisten Fällen aufgegeben. Bei Fachzeitschriften mit architekturtheoretischem oder kritischem Anspruch gab es nach einer Blüte in den 1980er und einer Stagnation in den 1990er Jahren im letzten Jahrzehnt wieder relevante Neuzugänge und vermehrtes Interesse, während diese Themen auch Blogs und Online-Foren eroberten.

Warum also gerade UMBAU und warum weiterhin in gedruckter Form? Fragen, die wir uns seit der Rückführung der Redaktionsleitung in den ÖGFA-Vorstand mit UMBAU 26, die durch den unerwartet plötzlichen Tod von Kari Jormakka endgültig besiegelt wurde, stellten. Unter der Führung von Jormakka und Christian Kühn hatte sich die Zeitschrift als Architekturtheoriemedium mit akademischem Hintergrund, Peer Review und Calls, sowie einem meist wienspezifischen, aktuellen, kritischen Teil hervorragend positioniert. Dennoch schien uns ein Richtungswechsel notwendig. Seit einigen Jahren hat sich auch und gerade auf dem Gebiet der Architektur die Qualität und Struktur der Debatten gewandelt. Früher eher getrennte Sphären, wie Hochschulen, Kammern, Vereine und informelle Zirkel überlagern und vermischen sich. Auch die ÖGFA agiert in den letzten Jahren verstärkt in Vernetzung mit anderen Institutionen, lokal wie international, um kritische Reflexion über Architekturfragen in öffentliche Debatten zu tragen. Diese vielstimmige Dynamik braucht aber auch ein Medium, das Rückbezüge über längere Zeiträume erlaubt.

Ausgehend von den relevantesten Denkanstößen aus dem ÖGFA-Jahresprogramm wird der UMBAU dafür ausgewählte Texte um Themenschwerpunkte versammeln. Seine Aufgabe wird es einerseits sein, der Debatte Messlatten anzulegen und Endlosschleifen durch Selbstreflexion zu ersetzen, andererseits aber auch, den Anspruch zu stellen, die freie Rede nachzuschärfen und über den offenen Dialog hinauszudenken. UMBAU und zugleich UM BAU: Die Querverbindungen zwischen Stadtplanung, Architekturgeschichte, Denkmalpflege, Landschaftsarchitektur, Technik und Design werden dabei immer wieder neu kartiert, bis hinein in soziologische, wirtschafts- und politikwissenschaftliche, kunsttheoretische oder ökologische Fragestellungen. Indem mit jeder Ausgabe ein Thema in mehreren Textblöcken aus unterschiedlichen Perspektiven in den Blick genommen wird, soll diese Vermessung der „Architekturlandschaften" jetzt gleichsam räumlich werden. Mittelfristig soll durch den Aufbau eines Inserts für Schriften aus der universitären und postgradualen Forschung noch eine weitere Dimension hinzukommen.

Die Neukonzeption dieses bewusst analog gehaltenen Mediums hat uns auch einen Umbau seiner Gestaltung als materielles Ding ermöglicht. Der Relaunch durch lenz+ büro für visuelle gestaltung bezieht sich in manchen Details auf die Ursprünge des UMBAU, geht aber gleichzeitig über eine fein durchdachte grafische Umgestaltung weit hinaus: wichtig war ebenso, wie das ‚Heft' beim Lesen und Blättern in der Hand liegt, oder wie der selbstverständliche Umstand, dass sich ein Druckwerk im Realraum entfaltet, buchstäblich erweitert werden könnte. Der doppelsinnige Name unserer Zeitschrift borgt dagegen seine neue Titelschreibweise aus dem virtuellen Raum: UM_BAU.

Nicht zuletzt ist es uns gelungen mit dem Neustart auch eine neue Verlagspartnerschaft einzugehen. Der ‚Testlauf' mit der Sondernummer zur vorjährigen Biennale ist bestens verlaufen und so sind wir zuversichtlich, dass wir dank der internationalen Vertriebsnetze von Birkhäuser im De Gruyter Verlag die Reichweite des UMBAU wesentlich erhöhen können.

Der Inhalt von UMBAU 28 speist sich aus zwei verwandten Programmschwerpunkten der ÖGFA: Solidarität, der in vier Segmenten konzipiert war, wurde von Gabu Heindl (Teil 3 in Zusammenarbeit mit Elise Feiersinger) kuratiert. Das Geschäft mit der Stadt wurde von Elise Feiersinger, Angelika Fitz, Gabu Heindl, Manfred Russo und Andreas Vass verantwortet. Beide Schwerpunkte behandelten die virulente Frage, wie Städte mit den seit der Finanzkrise veränderten wirtschaftlichen und sozialen Rahmenbedingungen umgehen oder im Sinne eines gerechteren Zugangs zum städtischen Raum umgehen sollten. Diese Frage wird im vorliegenden Heft aus drei unterschiedlichen Perspektiven gestellt: Zunächst aus Sicht der NutzerInnen, die mit der Privatisierung öffentlicher Räume, der Kapitalisierung ‚monumentaler' Spekulationsarchitekturen und Manipulationen ‚demokratischer' Planung konfrontiert sind; daran schließt die Sicht der in die Defensive geratenen Planung selbst an, die Methoden entwickeln muss, das Ungleichgewicht zwischen privater Kapitalmacht und öffentlicher Unterfinanzierung in der Entwicklung der Städte zu bewältigen; schließlich zeigt ein Blick auf Wien, welch entscheidende Rolle die besonderen Qualitäten der Stadtbestände und die oft unklaren oder unausgesprochenen Vorstellungen, mit denen ihnen Planung, Immobilieninvestment, Politik und Bevölkerung begegnen, in Planungs- und Verwertungsprozessen von Städten spielen.

Das Redaktionsteam

Thema_Teil 1
Stadt / Gesellschaft

Gabu Heindl

Solidarität – Wie entstehen demokratische Räume?[1]

Wo zeigen sich Nahebeziehungen zwischen Architektur und Solidarität – zumal in demokratiepolitischer und in Bezug auf Machtverhältnisse kritischer Sicht? Traditionellerweise wird Solidarität als Zusammenhalt unter Gleichartigen gefasst; der Begriff gilt etwa als Variante der ‚Brüderlichkeit', die, national definiert, zur ‚Freiheit' und ‚Gleichheit' hinzukommt, oder, über nationale Gleichartigkeit hinaus, als Zusammenhalt von Proletariern – eben ‚aller Länder'.

In der Architektur findet sich Solidarität zunächst ebenso da, wo es sich um gemeinsame, insofern gleichartige, Interessen dreht. Zuallererst ist sie Bestandteil von Interessensvertretungen, vor allem dort, wo gegenseitige professionelle Unterstützung im Zentrum steht (z.B. in Architektenkammern). Doch um dieses identitätsbasierte Zugehörigkeitsmotiv soll es hier nicht gehen. Es geht somit auch nicht um eine Art von Solidarität auf Basis von Gleichartigkeit und Gemeinsamkeit, wie sie uns aus der Architekturgeschichte der Moderne vertraut ist – als quasi organisch gewachsene Allianz von ArchitektInnen vom Typ technologiegläubiger (Diplom-)Ingenieure und dem Proletariat als Träger einer rational definierten Fortschrittsdynamik – mit dem Ziel der Verbesserung der Welt durch Architektur und Städtebau. Das Projekt ist, wie wir wissen, gescheitert; dennoch sind manche seiner Ansprüche, um es nur anzudeuten, nicht einfach ambivalenzselig und masterplanphobisch preiszugeben. Heute – nachmodern und ohne homogenes Industrieproletariat – bilden sich eher Allianzen zwischen experimentierfreudigen ArchitektInnen und metropolitanen Hot-Spot-Milieus, deren Ansprüche andere sind als die der technischen Rationalisierung; diese Art von organischem Zusammenhalt basiert zumeist auf geteiltem Lifestyle im Zeichen von Mobilität, Weltläufigkeit, distinguiertem Geschmack etc.

Der Solidaritätsbegriff, um den es hier geht, bezieht sich explizit auf ‚Andere' in einem radikaldemokratischen Sinn. In diesem Kontext „macht [d]er [Begriff Solidarität] nur [...] dort Sinn, wo man sich solidarisch erklärt mit anderen, die nicht ohnehin Teil derselben Gemeinschaft sind. Wäre dies der Fall, handelte es sich nicht um Solidarität, sondern um bloße Interessenspolitik einer Gruppe zu eigenen Gunsten", so Oliver Marchart in *Die politische Differenz* (Berlin 2010, S. 358–359) zu seiner Theorie von konfliktbereiter – insbesondere demokratischer – Politik. Auf den Punkt gebracht: „Solidarisch kann ich nur mit jemandem sein, dessen Position sich von meiner unterscheidet."

Wer sind nun diese ‚Anderen' und wie kann die Solidarität der ArchitektInnen mit ihnen aussehen? Aus zugespitzter radikaldemokratischer Perspektive – namentlich bei Jacques Rancière (*Das Unvernehmen*, Frankfurt / M. 2002) – sind die Anderen jene, die in der Verteilung der Anteile am gesellschaftlichen Ganzen *nicht zählen*. Sie zählen nicht als Rechtssubjekte, legitime WissensträgerInnen oder Stimmen im öffentlichen Diskurs –

und sie zählen nicht als NutzerInnen von Architektur in dem Sinn, wie wir es meist verstehen, nämlich so, dass in Prozessen von Planung und Bauen viel Aufmerksamkeit auf deren Bedürfnisse, Vorlieben und Eigenarten verwendet wird. Wenn wir also unter den nicht zählenden Anderen etwa Obdachlose oder Geflüchtete (vulgo ‚Flüchtlinge') innerhalb der Festung Europa verstehen,[2] aber auch (weniger dramatisch) soziale Gruppen, die im Rahmen innerstädtischer Sanierungsprojekte nicht als anspruchsvolle NutzerInnenklientel erachtet werden – wie sehen dann Haltungen und Praktiken der Solidarität mit ihnen aus?

Es kann ja nun nicht darum gehen, die schiere Unzugehörigkeit der Nicht-Zählenden anzurufen und das Planen und Bauen direkt auf deren Status als ‚Zurückgelassene', ‚Underdogs' etc. abzustimmen – womöglich noch im Sinne einer *architettura povera*, eines ‚mittellosen Bauens für die Mittellosen'. So ein Denken hat womöglich mehr von heroischer Ethik oder exotisierendem Chic als von Solidarität. (Oder aber es führt, weniger chic denn sparsam, zur Errichtung von Zeltlagern für MigrantInnen.)

Das Solidaritätskonzept, das ich meine, zielt – bei aller Machtskepsis, dazu gleich mehr – darauf ab, vorhandene Machtmittel im Sinne vielfältiger Demokratisierungsprozesse zu nutzen. Nachdem Architektur, schon allein ihrer Kapitalintensität wegen, in weit höherem Maß als etwa bildende Kunst strukturell an etablierten Machtapparaten Anteil hat, muss es hegemoniepolitisch darum gehen, an und auch mit diesen Macht-Verhältnissen zu arbeiten. Es läuft nicht gleich auf eine Strategie des ‚Im-System-Agierens' mit dem Beigeschmack von Sich-vereinnahmen-Lassen (und vergleichbaren Vorstellungen einer nicht-kompromittierten Reinheit im Außerhalb) hinaus, wenn wir festhalten, dass es durchaus – heute mehr denn je – für ArchitektInnen wichtig ist, gerade innerhalb planungspolitischer Kontexte oder in planungsbehördlichen Aufgaben Stellung zu beziehen und, ja, Positionen zu besetzen. Solidarität ist nicht reine Empathie mit Armen und Anderen, sondern beinhaltet aktive Positionierung bis hin zu einer planerischen oder baulichen Handlung. Hauke Brunkhorst (*Solidarität*, Frankfurt/M. 2002) weist darauf hin, dass das Konzept Solidarität sich gut mit einem europäischen Modell des Etatismus verträgt. Zugleich ist jedoch nur allzu klar, dass sich aus einer etatistischen Sichtweise heraus die Frage des Paternalismus, der Staats-Bevormundung, ganz massiv stellt. Das demokratische Solidaritätskonzept zielt ja ansatzweise auf Selbstermächtigung des Volkes in seiner Gespaltenheit, also darauf, dass die Nicht-Zählenden selbständig als politische Subjekte – sowie Rechtssubjekte, WissensträgerInnen, AkteurInnen im Öffentlichen – in Erscheinung treten. Ein solches Aktiv- und Subjekt-Werden ist nicht dasselbe wie die gängige Form partizipativer Planung, durch die ja doch meist Mittelklasse-Vorstellungen und Mittelklasse-Teilhabe reproduziert werden. Allerdings ist der Demokratisierungseffekt nicht zu unterschätzen, der sich einstellt, wenn bislang Nicht-Zählende, Nicht-Vorgesehene als unerwartete SprecherInnen und AnspruchstellerInnen in partizipativen Planungsprozessen auftreten, wenn etwa migrantische Familien oder Geflüchtete ihre Anliegen, auch Vorlieben, in Projektvorhaben einbringen (wie wir das von eingesessenen BildungsbürgerInnen gewohnt sind).

Was auch nicht Sinn von Beteiligung sein kann, ist der Wunsch, durch möglichst umfassendes und ausdauerndes Befragen aller von Planung ‚Betroffenen' (wie das Lucius Burckhardt einmal sarkastisch-kritisch formuliert hat) so etwas wie Gewissheit zu gewinnen, also so zu bauen, dass kein Einwand mehr denkbar wäre. Aus radikaldemokratischer und hegemoniepolitischer Sicht auf gesellschaftliches Handeln gilt es anzuerkennen, dass es keine letztgültige Begründung für Handlungen gibt – dass aber Handlungen dennoch gesetzt und auch durchgesetzt, werden (müssen). Erst die Einsicht, dass es keine unbestreitbar richtige Lösung („Es gibt keine beste Lösung", so Burckhardt in *Wer plant die Planung*, Berlin 2004, S. 219) und keinen ultimativen Grund (als unerschütterliche Basis, als fortschrittsgeschichtliche Notwendigkeit) für eine Handlung gibt, ermöglicht es, eine Setzung vorzunehmen, die strittig ist – die ebenso erstritten wie bestreitbar ist – und die in dem Wissen erfolgt, dass es immer auch anders sein könnte.

Dieses ‚Es kann auch anders sein' bedeutet nicht ‚anything goes': Es heißt nicht neoliberales Streben nach freier Modellierung des Möglichen; in unseren Zeiten ständiger Forderung nach Deregulierung und Beseitigung störender Setzungen sind gerade konkrete Pläne, gesetzte Vor-Sätze, wichtig – weil sie nämlich nachvollziehbar und damit bestreitbar festhalten, was das Vorhaben konkret ist (im Unterschied zu bloßen Investitionsideen und -visionen). Ebenso wichtig ist Planung als Setzung dort, wo es darum geht, demokratische Ansprüche auf Raum durch Zeichnen, Schreiben, Ausformulieren zu artikulieren.

Sowohl das Konzept einer nicht (eigen-)interessensbasierten Solidarität mit Anderen als auch ein Verständnis von Planung als nie ganz gesichert fundierbare, nie außer Streit stellbare Setzung bringen ein Moment der Selbstkritik und Selbstüberschreitung am architektonischen Handeln ins Spiel. Wie gesagt: Die demokratisch-ethische Position des Engagements und der Fürsprache für Andere allein liefe Gefahr, die jeweils Anderen geradezu als solche zu markieren, sie etwa zu kulturalisieren und exotisieren, während die eigene Position nobel und stabil bliebe. Was aber, wenn Solidarität auch die eigene Disziplin Prozessen der Ent-Gründung, der Überschreitung des eigenen Identitäts-Grundes aussetzt? Anders gesagt: Solidarität mit Anderen heißt manchmal geradezu Entsolidarisierung von der uns zugedachten Rolle und den von uns akzeptierten Aufgabenfeldern, von vorbeschriebenen Projekten und unveränderbar scheinenden sozialen Bedingungen des Planens und Bauens.

So könnte Solidarität einerseits heißen, gerade *nicht* zu bauen – also das Gegenteil dessen zu tun, was Kernbestand der Identität von ArchitektInnen ist. Etwas nicht zu tun, die Verweigerung als Setzung, das ist z.B. die Absage der Teilnahme an politisch/ethisch bedenklichen Projekten oder an solchen, die öffentliche Werte an Privat-Profitinteressen verkaufen, wie dies, um nur ein Beispiel zu nennen, Schulbauprojekte in PPP-Form tun. *Nicht-Bauen* kann im Bereich der Stadtplanung eine Abkehr vom ‚Macher'-orientierten Baugeschehen bedeuten; das hat sein solidarisches Moment, wo es darum geht, öffentlichen Raum nicht zu privatisieren bzw. ihn frei von Konsumverpflichtungen zu halten. Um diesen Gedanken kritisch weiterzuspinnen: Das Sich-Einsetzen für konsumfreie Räume kann allerdings auch paternalistische Züge haben. Und vor allem: Gälte es nicht, darauf hinzuarbeiten, dass Wohlstand so gerecht verteilt ist, dass konsumfreie Räume oder billig nutzbarer sozialer Wohnbau überflüssig werden? Dieser Einwand führt aus einer (attraktiven) utopischen Höhe schnell zu einem – unfreiwilligen – Zynismus. Eine radikaldemokratische und – im Sinn des genannten Wegfalls von Letztbegründungen – postfundamentalistische Haltung hingegen setzt auf mögliches Handeln, das durchaus als verändernder Eingriff in hegemoniale Machtverhältnisse gedacht ist, setzt darauf, gegebene Spielräume und Machtmittel zu nutzen (ohne die Utopie aus den Augen zu verlieren).

Das Motiv solidarischen architektonischen Handelns, das zum Nicht-(mit-)Tun, zum Nicht-Planen, zum Nicht-Bauen quasi komplementär ist, läge in einem ‚Mehr-Bauen', konkret: in einem ‚Mehr-Fordern' als Abgrenzung vom viel zu gängigen ‚Minimum-Gebot'. Wenn heute immer wieder intelligente Lösungen, wie es heißt, für Bauaufgaben verlangt werden, die maximale Nutzung von räumlichen oder Budget-Minima vorsehen, dann können wir ArchitektInnen uns in unserer Identität als Problem-LöserInnen und erfinderische RaumnutzensmaximiererInnen aufgerufen fühlen. Wir können aber auch – und wir sollten – im Sinn jener Selbstkritik, die mit Solidarität einhergeht, gegen genau diese zugewiesene ExpertInnen-Rolle verstoßen und, anstatt für das Existenzminimum zu planen, unser Können darauf richten, mehr als das Existenzminimum zu fordern. Denn: Für wen ist denn das Minimum in Sozialbauten, im Schulbau, im Sozialen Wohnbau vorgesehen? In seiner Kritik an den Architekturen für das Existenzminimum in den 1930er Jahren fordert Burckhardt von ArchitektInnen die gegenteilige Kreativität, nämlich „Ansätze zum Träumen" und einen grundsätzlichen „Raumpolster", ein überschüssiges, nicht funktional kalkuliertes Mehr. Bis heute steht in der Planungsdebatte viel zu oft ein Selbstverständnis kreativer Architektur als Kunst einer ‚humanen' und ‚smarten' Flächenreduktion im Vordergrund – und nicht die Frage, kraft welcher sozialer Machtverhältnisse es überhaupt ein Existenzminimum gibt. Gilt also – gerade in Zeiten jener sozialen Massenenteignung namens Krise – nicht vielmehr *gutes Leben* für alle oder (mit einer Paraphrase auf Henri Lefèbvres „Recht auf Stadt") ein „Recht auf viel und guten Raum für alle" zu fordern?

1 Unter diesem Titel fand von 2011 bis 2012 eine von mir kuratierte ÖGFA-Vortragsreihe statt. Siehe: http://www.oegfa.at/eventrow.php?item=128

2 Anhand der Refugeebewegung beschreibt Monika Mokre Solidarität als einen kontinuierlichen Prozess der Übersetzung: „vom Universellen ins Konkrete und umgekehrt, von Erfahrungen in politisches Handeln, von alten Abgrenzungen in die Produktion neuer Zusammenhänge gemeinsamen Begehrens" (*Solidarität als Übersetzung. Überlegungen zum Refugee Protest Camp Vienna,* Wien u.a., 2015)

Margit Mayer

Recht auf Stadt ohne Armut

Armutsraten sind in den letzten Dekaden nicht nur in den Austeritätsdiktaten unterworfenen südeuropäischen Ländern, sondern auch im wirtschaftlich prosperierenden Norden rasant angestiegen. Insbesondere in städtischen ‚Problemzonen' – ob in den Vororten französischer oder schwedischer Städte oder in innerstädtischen ‚benachteiligten' Stadtteilen – konzentrieren sich hohe Arbeitslosigkeitsraten, niedrige Einkommen, Kinderarmut, schlechte Wohnverhältnisse und fehlende Perspektiven für Jugendliche (vgl. Body-Gendrot 2013; Kronauer 2014; Schierup u.a. 2014). Diese Tendenzen verschärfen sich, wie der Deutsche Paritätische Wohlfahrtsverband im Februar 2015 anlässlich der Veröffentlichung seines jüngsten Armutsberichts betonte, bei wachsender Wirtschaftsleistung: „Gesamtwirtschaftlicher Erfolg und zunehmender gesamtwirtschaftlicher Reichtum führen nicht mehr dazu, dass die Armut in Deutschland geringer wird. Ganz im Gegenteil: Der zunehmende Reichtum geht mit einer immer größeren Ungleichverteilung einher, wie es die steigenden Armutsquoten belegen" (DPWV 2015). In den Städten ganz Europas hat seit den 1990er Jahren die soziale Segregation zugenommen, wenn auch in unterschiedlicher Intensität. Aber selbst in einem reichen Land wie Deutschland – „im Schnitt werden hier über 30.000 Euro pro Jahr und Einwohner erwirtschaftet" – sind acht Prozent der Bevölkerung völlig abgehängt und leben zwischen 16 und 20 Prozent unterhalb der Armutsgrenze (*Die Zeit* 2015).

Diese mit wirtschaftlichem Wachstum produzierte soziale Spaltung ist auch Teil und Ergebnis des vorherrschenden neoliberalen Stadtentwicklungsmodells: Sie wird von Stadtmanagern genauso systematisch mitproduziert wie durch die staatliche Krisen- und Austeritätspolitik. Das ‚Geschäft mit der Stadt', das dank kreativer, unternehmerischer und konkurrenzbetonter städtischer Wachstumsstrategien blüht, produziert systematisch Ausschluss, Armut und Ausgrenzung (Mayer 2011).

Diese Prozesse verlaufen nicht ohne Protest und Widerspruch. So ist die Forderung nach einem „Recht auf Stadt" in Europa ebenso wie in Nordamerika zu einem virulenten Slogan geworden, weil sie mehrere, dank jahrelanger neoliberaler Stadtentwicklung und dank Wirtschafts- und Finanzkrise hochgradig aufgeladene aktuelle Themen bündelt. Sie verspricht damit, eine Vielfalt von stadtpolitischen Forderungen auf einen gemeinsamen Nenner zu bringen und eine reale Herausforderung für neoliberale Planungspolitik und Stadtentwicklung darzustellen.

Der Beitrag untersucht aktuelle „Recht auf Stadt"-Bewegungen, also Koalitionen von Alternativen, ZwischennutzerInnen, Kreativen und sonstigen mobilisierten Bürgergruppen, die sich – häufig erfolgreich – gegen die Umstrukturierung und Aufwertung ihrer Stadtteile wehren. Was dabei auf den ersten Blick oft als gelungene Konvergenz unterschiedlicher Protestgruppen im Kampf für eine gerechte Stadt erscheint, kann vor dem Hintergrund der gewandelten Rolle der Metropolen des globalen Nordens allerdings auch problematisiert werden. Denn obwohl es diesen Bündnissen bisweilen gelingt, die neoliberale Stadtentwicklung aufzuhalten oder zumindest umzusteuern, retten diese Kämpfe oft nur eigene Oasen, die obendrein häufig dem Re-Branding der allerorts sich ausbreitenden kreativen Stadt- und Standortpolitik anheim fallen. Ihr Beitrag führt also keineswegs automatisch zur ‚gerechten Stadt' – zur Stadt ohne Armut. Den „Recht auf Stadt"-Bewegungen stehen vielerlei Hürden im Weg, die Forderung „Recht auf Stadt ohne Armut" angemessen zu vertreten. Der Aufsatz geht deshalb der Frage nach, wie progressive Bewegungen für das Recht auf Stadt gezielt Brücken bauen könnten zu Armutsbewegungen.

1. Aktuelle Bewegungen entlang unterschiedlicher Bruchlinien

In den letzten Jahren treten immer häufiger Bewegungen auf, bei denen sich unterschiedliche städtische Initiativen unter dem Motto „Recht auf Stadt" zusammenfinden und mit mehr oder weniger spektakulären Aktionen fordern, dass eine bessere, gerechtere, soziale und nachhaltige Stadt möglich ist. Die Stadt ist dabei nicht nur Austragungsort für ihre Aktionen und Mobilisierungen, sondern es geht stets um die Fragen: In welcher Stadt wollen wir leben? Wie werden die für die StadtbewohnerInnen relevanten Entscheidungen getroffen? Wessen Interessen werden bei den entsprechenden Entscheidungsprozessen berücksichtigt?

Während vergleichbare städtische Bewegungen im globalen Norden der 1960er/70er Jahre innerhalb der sogenannten ‚keynesianischen Stadt' operierten, in der Auseinandersetzungen um verbesserte kollektive Infrastrukturen möglich und häufig erfolgreich waren, sehen sich die heutigen Bewegungen einer zunehmend ‚neoliberalisierten Stadt' gegenüber, in der vor allem zwei Bruchlinien immer wieder Zündstoff bieten, der für Konflikte und Mobilisierungsprozesse sorgt (vgl. Mayer 2007).

Die erste Bruchlinie bietet die starke Priorisierung, welche die neoliberale Stadt dem Einsatz von Wachstumspolitik einräumt: Investitionen in glitzernde neue City-Zentren, Mega-Projekte für Sport und Unterhaltung, Kommerzialisierung öffentlichen Raums und damit einhergehende Überwachung gehören zum vorherrschenden Muster der Stadtentwicklung. Dies löst aber auch vielfältige Proteste aus, welche die Formen, Ziele und Wirkungen dieser investoren- und konzernfreundlichen Stadtentwicklung ebenso anprangern wie die damit einhergehende Vernachlässigung von schwer vermarktbaren Vierteln, das Schwinden bezahlbaren Wohnraums sowie die City-Branding-Strategien, mit denen KommunalpolitikerInnen nun allenthalben konkurrieren.

Eine zweite Bruchlinie entsteht mit der Neoliberalisierung kommunaler Sozial- und Arbeitsmarktpolitik, die den vom Markt verursachten wachsenden Polarisierungs- und Ausgrenzungstendenzen mit Aktivierungs- und Kürzungsstrategien begegnet. Dies

Im Kontext der neoliberalen Stadt nehmen bestimmte Aktivistengruppen eine relativ privilegierte Position ein: nämlich diejenigen, deren Initiativen sich produktiv in die lokalspezifische Standortpolitik und Vermarktungsstrategie zur Attraktion von Kreativen, Touristen und Investoren einbinden lassen.

entfacht Proteste gegen den Abbau sozialstaatlicher Programme und lässt diverse Bewegungen gegen Armut und Prekarität und für soziale Gerechtigkeit entstehen. Diese Initiativen verbünden sich häufig mit Gewerkschafts- und lokalen Stadtteilgruppen und solchen, die für die Rechte migrantischer und prekarisierter ArbeiterInnen kämpfen. Lokale Anti-Hartz-Mobilisierungen in Deutschland, Sozialzentren in Italien oder *Worker Centers*[1] in den USA beziehen bei der Organisierung um Konflikte im Quartier heutzutage oft auch Probleme am Arbeitsplatz bzw. Forderungen der Unter- und Unbeschäftigten mit ein.

Beide Arenen erhielten auch starke Impulse von transnationalen globalisierungskritischen Gruppen sowie von den sich in der Folge der Finanzkrise von 2008 ausbreitenden Anti-Austeritätsbewegungen. Erstere erkannten ‚das Lokale' bzw. die Stadt sehr bald als jenen Ort, an dem die Globalisierung ‚landet'. Folglich forderten die globalisierungskritischen Bewegungen nicht nur die Demokratisierung internationaler Institutionen wie des IWF und der Weltbank, sondern mobilisierten zunehmend auch lokal gegen die Privatisierung öffentlicher Leistungen und Infrastrukturen. Die Verletzung sozialer Rechte oder die Privatisierung öffentlicher Güter wie etwa von Trinkwasser verbindet sie mit anderen Bewegungen weltweit insofern, als auch die entsprechenden Konzerne weltweit tätig sind. Gruppen wie Attac oder lokale Sozialforen stellten fest, dass der freie Handel und die Deregulierung von Märkten nicht nur im globalen Süden negative Auswirkungen haben – sie bedrohen auch Gewerkschaften und KonsumentInnen in Europa und Nordamerika; zudem geht die Aufwertung hiesiger Stadtzentren mit Verdrängung und Enteignung armer und migrantischer Bevölkerungsgruppen einher (Mayer 2013a).

Trotz vielfacher gemeinsamer Anknüpfungspunkte entstanden dabei bislang nur punktuelle Bündnisse zwischen den gegen den neoliberalen Stadtumbau gerichteten Bewegungen linker und in der Kulturszene verankerter Gruppen (Bewegungen, die sich meist entlang der ersten Bruchlinie gebildet haben) und den um die Ausgrenzung prekärer Gruppen besorgten Stadtteilorganisationen, Wohlfahrtsverbänden, Kirchen und teilweise auch Gewerkschaften (die entlang der zweiten Bruchlinie operieren). Wo es zu Koalitionen oder gemeinsamen Aktionen kommt, sorgen die heterogenen Interessen und Lebenswelten dieser unterschiedlichen Gruppen oft für Reibungen und Konflikte. Auch in der Folge der Finanzkrise ist die Überwindung der Distanzen und die Herstellung von Verknüpfungen kaum einfacher geworden, obwohl die Rezession sowie die politischen Aktivitäten, die in der Folge zu ihrer Bekämpfung unternommen wurden, die Destruktivität und mangelnde Nachhaltigkeit des neoliberalen Wachstumsmodells und damit die Bruchstellen, entlang derer die städtischen Bewegungen in den letzten Jahren mobilisiert haben, noch sichtbarer gemacht haben.

Seit der Finanzkrise von 2008 geben Regierungen enorme Mengen öffentlicher Gelder zur Rettung von Banken und für Konjunkturprogramme aus. Zugleich nutzen sie die Krise, um weitere und tiefere Einschnitte bei sozialen Netzen zu legitimieren – mit der Konsequenz, dass mehr und mehr soziale und wirtschaftliche Rechte, Beteiligungsansprüche und Zugangsoptionen für immer mehr Gruppen, vor allem für untere

Einkommensschichten und EmpfängerInnen von Transferzahlungen, bedroht sind. Gleichzeitig werden den Kommunen – ohne Kostenausgleich – immer mehr Aufgaben auferlegt, so dass viele Städte Schuldenberge auftürmen und bei den ihnen aufgetragenen Dienstleistungen zu sparen gezwungen sind (vgl. *Der Tagesspiegel* 2012; Rügemer 2012). Unter diesen Bedingungen findet die Forderung nach „Recht auf Stadt" noch breitere Resonanz, immer mehr Konflikte brechen auf, an denen sich Auseinandersetzungen entzünden und die verschiedene Gruppen in Kampagnen und Bündnissen zusammenkommen lassen.

Am Beispiel des Hamburger Recht auf Stadt-Netzwerks sind die Potenziale und Schwierigkeiten von Bewegungen, die einen Gegenentwurf zum ‚Geschäft mit der Stadt' verkörpern, gut zu verdeutlichen.

2. Das Beispiel Hamburg

In Hamburg bildete sich 2009 eine machtvolle Bewegung gegen neoliberale Stadtentwicklung, die von einem SPD-Senat unter dem Motto „Unternehmen Hamburg" vorangetrieben wurde (vgl. Birke 2010, 2014). Wie in anderen Städten auch, entstand sie aus der Vernetzung unterschiedlicher Initiativen, die bereits Ende 2008 in Kundgebungen und Paraden zusammenkamen: 4000 Menschen gingen gegen das „Unternehmen Hamburg" und für eine soziale Stadtpolitik auf die Straße. Die temporäre Besetzung des historischen Gängeviertels im August 2009 durch KünstlerInnen und AktivistInnen beflügelte und konsolidierte die Bewegung, die bald Erfolge für sich verbuchen konnte: Schon im November bekam das „Centro Sociale" seinen Vertrag, im Dezember kaufte die Stadt die historischen Gebäude des Gängeviertels vom Investor zurück (mit erheblichem finanziellem Verlust), im Februar (2010) verfügte das Gericht den Baustopp der Moorburgtrasse (vgl. Füllner/Jonas 2011). Das Netzwerk führte auch in den folgenden Jahren eine Vielzahl von Aktionen durch: gegen die hohen Mieten wurden Wohnungsbesichtigungen mit Party-Aktionen gestört; gegen Büroraumleerstand wurden Besetzungen und Demonstrationen durchgeführt. Im Oktober 2010 demonstrierten 5000 Menschen gegen steigende Mieten und Leerstand und forderten die Legalisierung von Hausbesetzungen und im Dezember 2013 demonstrierten 7000 Menschen gegen die drohende Räumung des Zentrums der autonomen Szene. Die gewaltsame Auflösung dieser Demonstration führte nicht nur zu tagelangen gewalttätigen Auseinandersetzungen, sondern noch im Januar 2014 zu vielen Protesten, bis der Erhalt des Zentrums gesichert war. Seit 2013 mobilisiert das „Recht auf Stadt"-Netzwerk zusammen mit Gewerkschafts- und kirchlichen Gruppen auch für die Rechte von Flüchtlingen: Insbesondere zur Unterstützung von 300 Lampedusa-Flüchtlingen fanden riesige Demonstrationen mit manchmal mehr als 10.000 TeilnehmerInnen statt (Birke 2015).

Das Hamburger „Recht auf Stadt"-Netzwerk setzt sich aus recht unterschiedlichen Gruppen zusammen:

. radikal-autonome, anarchistische oder alternative Gruppen und diverse linke Organisationen,

. im Mittelklasse-Milieu verankerte „Urbaniten", die ihre angestammte städtische Lebensqualität verteidigen,

. langansässige MieterInnen und andere lokale AnwohnerInnen, die sich von Verdrängung durch Luxuseigentumswohnungen bedroht sehen,

. verschiedene Angehörige des Prekariats, die im informellen Sektor, in kreativen Industrien oder im studentischen Milieu unterwegs sind,

. KünstlerInnen und andere KulturproduzentInnen, die sich aus all diesen Bereichen rekrutieren,

. kleine LadenbesitzerInnen und KleingärtnerInnen,

. lokale Umweltgruppen, die sich gegen problematische Klima-, Energie- oder Stadtentwicklungspolitiken engagieren.

Organisationen von bzw. für MigrantInnen, Obdachlosen, Sozialhilfe-EmpfängerInnen und andere Marginalisierte und Ausgegrenzte sind im „Recht auf Stadt"-Netzwerk Hamburgs und in anderen nordeuropäischen Städten bislang unterrepräsentiert – im Gegensatz zu südeuropäischen oder nordamerikanischen Städten.

Was diese Gruppen eint, ist die Kritik an der bisherigen neoliberalen Stadtentwicklungspolitik und an den Großprojekten der Koalition aus Behörden, Parteien und Investoren, welche die Stadt als ‚Unternehmen', als Marke, Wachstumsmaschine und Profitcenter ansehen, wobei die Schwachen an den Rand gedrängt werden. Während in Hamburg in den letzten Jahren verstärkt Versuche unternommen wurden, mit MieterInnen in Sozialwohnungsbaugebieten,[2] MigrantInnen und Flüchtlingen zusammenzuarbeiten, fehlen in den meisten „Recht auf Stadt"-Netzwerken Westeuropas die von Gentrifizierung persönlich am schlimmsten Betroffenen: Hartz IV-EmpfängerInnen ohne akademische Ausbildung, Alleinerziehende, migrantische und andere BewohnerInnen aus den Randbezirken. Diese Gruppen nehmen völlig andere strategische Positionen innerhalb der neoliberalen Stadt ein als jene, die sich produktiv in die kulturelle Revitalisierung und kreativitätsbasierte Stadtentwicklung der Lokalpolitiker einbinden lassen. Um den Gegenentwurf einer „Stadt ohne Armut" Realität werden zu lassen, ist es deshalb wichtig, die unterschiedlichen Verortungen der jeweiligen Gruppen im Geflecht der Neoliberalisierungsdynamik der Stadt zur Kenntnis zu nehmen, denn sie setzen den „Recht auf Stadt"-Bewegungen echte Grenzen und blockieren, wo sie nicht bearbeitet werden, die Entwicklung effektiver Gegenentwürfe zur neoliberalen Stadt.

Im Kontext der neoliberalen Stadt, wo ‚kreative Stadtpolitik' zu einer der beliebtesten Formen städtischer Entwicklung geworden ist, nehmen bestimmte Aktivistengruppen eine relativ privilegierte Position ein: nämlich diejenigen, deren Initiativen sich produktiv in die lokalspezifische Standortpolitik und Vermarktungsstrategie zur Attraktion von Kreativen, Touristen und Investoren einbinden lassen. Die Stadtentwicklungsämter und

Investoren kommen ihnen und ihren Forderungen häufig entgegen. Im Hamburger Gängeviertel gelang es den KünstlerInnen, Alternativen und Stadtteilgruppen erst nach heftigen Mobilisierungen, ihre Häuser zu erhalten. Andernorts jedoch stürzen sich Lokalpolitiker auch ohne solch massiven Druck auf (sub-)kulturellen Aktivismus und bestimmte Formen von Umweltengagement, um diese als Standortvorteil im Wettbewerb zwischen den Stadt-Marken einzusetzen. Viele Städte haben Programme aufgelegt, um KünstlerInnen und Kreativen Zwischennutzungen von leerstehenden Räumen zu erschwinglichen Bedingungen anzubieten, was nicht nur den Raumnöten der Kreativen entgegen- kommt, sondern auch den leeren Kassen der Kommunen. Kluge Stadtmanager sehen, dass auch besetzte Häuser und selbstverwaltete Sozialzentren den städtischen Raum als attraktiv markieren können. In der Folge gelingt es Investoren nicht nur in Städten wie Hamburg und Berlin, solche von Aktivisten mit kulturellem Kapital aufgewertete Räume im Rahmen der *Creative City*-Politik in wirtschaftliches Kapital zu verwandeln.

Die neoliberale Stadt ist allerdings nicht nur durch ‚Kreative Stadt'-Politik charakterisiert. Die andere Seite der janusgesichtigen neoliberalen Stadt besteht in der Austeritätspolitik. Diese Seite ist nicht nur durch extreme Sparpolitik gekennzeichnet, sondern auch durch zunehmend repressive Strategien gegenüber ‚unerwünschtem' Verhalten, durch mehr und mehr Entrechtung und zunehmend sogar Kriminalisierung. Die von ihr betroffenen Gruppen nehmen eine völlig andere strategische Position ein als die im Rahmen der Kreativpolitik verwertbaren Gruppen. Prekäre und undokumentierte ArbeiterInnen, Obdachlose, in den Banlieues und Vororten konzentrierte Marginalisierte und die zunehmend in die Peripherien abgedrängten Sozialmieter, aber auch Beteiligte an städtischen Revolten bekommen vor allem diese Seite der neoliberalen Stadt zu spüren (vgl. Eick/Brieken 2014, besonders Section III: Policing the Urban Battleground).

Ihre (oft weniger sichtbaren) Kämpfe gegen die von ihnen erfahrene Diskriminierung und Enteignung haben indes auch unsere westeuropäischen Städte zu Arenen anti-rassistischer und anti-kolonialer Kämpfe gemacht. Diese Arenen sind äußerst heterogen und fragmentiert, werden hier doch sehr unterschiedliche Probleme und Missstände skandalisiert. Hier engagieren sich Anti-Armuts- und Anti-Hunger-Initiativen selbstorganisiert sowie in Fürsprecher-Gruppen gegen Obdachlosigkeit und Erwerbslosigkeit: ein breites Spektrum von Migrantengruppen und Worker Centers bis hin zu Stadtteilorganisationen, die in vielfältige Formen von *community organizing* involviert sind (vgl. Rosa Luxemburg-Stiftung 2011). Die meisten dieser Bewegungen stoßen – wenn nicht auf taube Ohren – auf weit mehr Einschränkungen, Überwachung und aggressivere Polizeimaßnahmen als ihre komfortabler positionierten (potenziellen) Verbündeten in den alternativen, gegenkulturellen und anarchistischen Szenen.

Die Realität der extrem unterschiedlichen Alltagserfahrungen und kulturellen Hintergründe schafft veritable Hürden für ein Zusammenführen der gemeinsamen Interessen im Widerstand gegen das ‚Geschäft mit der Stadt'. Kennzeichnend für dies Geschäft ist allerdings die Gleichzeitigkeit beider Strategien: die Einbindung der momentan Verwertbaren und die Ausgrenzung der Unnützen. Und während die Stadtregierungen ihre Kulturschaffenden – und sei's auch nur mit Zwischennutzungsverträgen – umwerben, treiben sie parallel doch die Abwicklung von Kultur- und Jugendzentren, von Umsonstläden und selbstverwalteten Projekten sowie überhaupt von erschwinglichem Wohnraum voran:

all diese vielfach lang und hart erkämpfte soziale Infrastruktur hat nun schicken neuen Designerläden, trendigen Bars und teuren Eigentumswohnungen zu weichen.

Wenn im Kampf gegen diese Trends die relativ privilegierten[3] sub- und gegenkulturellen Anarchos, KünstlerInnen, Alternativen und Ökos unter sich bleiben, dann bleiben ihre ‚Freiräume' Nischen ohne Einfluss, während gleichzeitig das, was sie erkämpfen, bald nicht mehr besonders alternativ sein wird: ihre *community gardens* werden zu *best practice* für ökologisch ausgerichtete gentrifizierte Wohnviertel; von HausbesetzerInnen vor dem Verfall gerettete und ‚innovativ' wieder hergerichtete Häuser und Straßenzüge werden zu Ankern neuer Stadtentwicklungsprogramme oder zu Magneten für Touristen und ‚kreative Klassen'.

Um einer solchen „Stadt ohne Armut" näher zu kommen, müssten die Kämpfe all derer, die aus der neoliberalen Stadt ausgeschlossen bzw. vertrieben sind – egal ob an den Peripherien dieses Modells (in den Banlieues, Vororten und Ghettos) oder unsichtbar, von prekären und versteckten Räumen aus die privilegierten StadtnutzerInnen bedienend –, unterstützt und verbunden werden mit den Kämpfen der relativ Privilegierten, deren kulturelles, symbolisches oder Wissens-‚Kapital' heute so gerne in der Stadtentwicklungspolitik instrumentalisiert wird.

3. Der Kontext: die neoliberale Stadt im globalen Norden

Es geht hier nicht um Schuldzuweisungen oder Versäumnisse, sondern um ein Verständnis der spezifischen Gelegenheitsstrukturen und Fallstricke der neoliberalen Stadt (im Gegensatz zu ihrem keynesianischen Vorläufer), die sich im Kontext der Globalisierung herausgebildet haben. Im Rahmen des globalisierten Kapitalkreislaufs kommen den Städten des globalen Nordens neue Funktionen als Dienstleistungs- und Finanzzentren der globalen politischen Ökonomie zu, und damit neue Formen relativer Privilegierung. Als (globale und regionale) Finanz- und Dienstleistungszentren, wo Unterhaltung, Kultur und Tourismus genauso wichtige Rollen spielen wie die Finanz-, Dienstleistungs- und Kreativindustrien, sind sie einerseits zu Spielwiesen für die Reichen und Privilegierten geworden. Mit ihrer flächendeckenden Gentrifizierung und vielfältigen Angeboten für Touristen und ‚kreative Klassen' bieten sie dabei andererseits einen reichhaltigen Humus für alternative Milieus und kritische Kreative – sowie für deren Instrumentalisierung.

Diese ‚post-industriellen' Erstwelt-Städte müssen auch gewartet und bedient werden. Deshalb sind sie nicht nur Arbeits- und Spielplätze für die Privilegierten, sondern sie attrahieren auch Armeen von niedrig qualifizierten und prekären ArbeiterInnen, um der enormen Nachfrage in den unteren und deregulierten Rängen ihrer Arbeitsmärkte zu entsprechen. Diese Nachfrage hat nicht nur die Arbeits- und Lebensbedingungen für die konkurrenzschwachen Teile der städtischen Bevölkerung abgewertet, sondern den globalen

Süden auch buchstäblich in die wachsenden Niedriglohn- und informellen Sektoren der Wirtschaft geschleust (im Reinigungs- und Sicherheitsgewerbe, in den Hotel- und Gastronomiebranchen, in den Pflegeberufen etc.). Gleichzeitig beherbergen diese post-industriellen Erstweltstädte zunehmend auch die überflüssig gewordenen Scharen von ProduktionsarbeiterInnen, deren Jobs in die Produktionsplattformen der *emerging economies* aus-gelagert sind. Diese entwerteten Arbeitskräfte werden zunehmend in die städtischen Peripherien gedrängt, in öde und verfallende (Sozialwohnungs-)Siedlungen. Isoliert und ihrer vormaligen Rechte als Beschäftigte enteignet, überleben sie mit Hilfe von knappen und mit mehr und mehr restriktiven Bedingungen versehenen Transferzahlungen.

Während in den Städten des 19. und frühen 20. Jahrhunderts die Fabrik und die proletarische Öffentlichkeit als effektive Mobilisierungsbasis fungierten und in der Nachkriegs-ära die keynesianische Stadt einen wirkungsvollen Austragungsort für Kämpfe um kollektiven Konsum, öffentliche Infrastruktur und öffentliche Räume darbot, haben es die disparaten städtischen Bewegungen im heutigen globalen Norden ungleich schwerer, die auf sie projizierten Hoffnungen auf gesellschaftlichen Wandel zu erfüllen. Anstelle von revolutionären FabrikarbeiterInnen oder Bewegungen, die den städtischen Raum entlang von kollektiven Konsum-Forderungen politisieren, werden die heutigen Auseinandersetzungen in den Städten des globalen Nordens sichtbar vor allem von einem Mix aus prekären Kreativen und KünstlerInnen, tradierte Lebensqualität verteidigenden Mittelklassen, radikalen Autonomen, Alternativen und diversen linken Gruppen getragen. Deren Kämpfe gegen die neoliberale Umstrukturierung der Stadt, für den Erhalt von Urbanität, zur Verteidigung alternativer Räume und Lebensstile oder für die Einführung sozialer Ökonomien sind zwar wichtig für emanzipatorische Veränderung. Doch selbst wenn sie in erfolgreichen Allianzen zusammenkommen: Sie vermögen kaum, die stumme Gewalt der Prozesse, welche Ungleichheit planetar wie kleinräumlich verschärfen und Städte zunehmend polarisieren, wirklich zu bedrohen.

Der Mobilisierung marginalisierter Gruppen stehen in den nordeuropäischen Städten noch große Probleme im Weg. Zwar brachten in Deutschland Demonstrationen gegen Hartz IV und andere Erwerbslosenproteste im März 2009 und Juni 2010 ein paar tausend Menschen auf die städtischen Straßen und Plätze, aber bei weitem nicht die erwarteten Massen. Die seit 2010 von Gewerkschaften, linken und globalisierungskritischen Gruppen, dem Europäischen Sozialforum, der Partei Die Linke u.a. organisierten Anti-Austeritätsproteste sahen wachsende Zahlen und auch neue Akteure in massenhaften Demonstrationen quer durch Europas Städte (Rüdig/Karyotis 2013; Peterson/Wahlström 2015; vgl. auch Chabanet/Faniel 2012). Bei den „Aktionstagen gegen das europäische Krisenregime" gelang es *Blockupy Frankfurt* im Mai 2012 30.000 Demonstranten zur Abschlussdemo durch die Stadt zur EZB zu mobilisieren, auch in den folgenden Jahren waren es über 20.000. In den nordeuropäischen Ländern gilt jedoch, dass die Wirkungen der Finanz- und Wirtschaftskrise dank Kurzarbeit und Beschäftigungsgesellschaften nicht deutlich spürbar sind und dort, wo Entlassungen stattfinden, geschehen sie graduell und schrittweise. Die Einbindungspolitiken scheinen noch zu funktionieren bzw. gelingt es rechtspopulistischen Gruppen besser, die entstehenden Unzufriedenheiten aufzugreifen und in Pegida-Proteste oder Wahlerfolge von Front National und Schwedendemokraten zu kanalisieren.

Die neoliberale Stadt ist allerdings nicht nur durch ‚Kreative Stadt'-Politik charakterisiert. Die andere Seite der janusgesichtigen neoliberalen Stadt besteht in der Austeritätspolitik.

Zusammenfassend kann festgehalten werden, dass die Funktionen, die den Erstwelt-Städten innerhalb der neuen globalen Arbeitsteilung zukommen (also als Finanz- und Dienstleistungszentren für inzwischen global organisierte Produktionsprozesse zu fungieren), wachsende gesellschaftliche Fragmentierung, Erosion des öffentlichen Raums und verschärfte Ausgrenzung benachteiligter Orte, Milieus und sozialer Gruppen mit sich bringen. Gleichzeitig ermöglichen diese Funktionen den Städten des globalen Nordens auch, Angebote und Zugeständnisse an Gruppen zu machen, die sich im Rahmen von Stadtmarketing und Standortpolitik zur Attraktion von Investoren, Kreativen oder Touristen nutzen lassen. Das Zusammenspiel *beider* Tendenzen erschwert es den heutigen progressiven städtischen Bewegungen, sich zu einer ernsthaften Herausforderung der Macht- und Ausbeutungsstrukturen des *globalen* Kapitalismus zu entfalten. Eine Phalanx struktureller Tendenzen erschwert ihnen das Organisieren und Mobilisieren: Die Privatisierung öffentlicher Güter und Dienste, der Ausbau von Sicherheitsmaßnahmen, die Ausbreitung segregierter Zonen, der Abbau kommunaler Angebote und Infrastrukturen haben allesamt beigetragen zum Verschwinden von Räumen für Vergemeinschaftung und zum Zerfall von öffentlichen Räumen. Letztere stellen jedoch eine zentrale Voraussetzung für die Entstehung und Politisierung von (Klassen-)Subjekten sowie für die Schaffung von Koalitionen dar.

So ist es nicht verwunderlich, dass die jüngere Geschichte urbaner Kämpfe, die stellenweise in breiten Allianzen die neoliberale Stadt- und Stadtteilentwicklung zunächst aufhalten oder zumindest beeinflussen konnten, reich ist an Fällen, die sich über kurz oder lang als rein defensiv entpuppten: Sie erreichten oft kaum mehr, als ein Stück Urbanität zu retten oder Oasen zum Schutz eigener alternativer Lebensstile zu erhalten (vgl. Blechschmidt 1998).

4. Brücken

Die spanischen und griechischen *Indignado*-Bewegungen haben, genauso wie die amerikanische *Occupy*-Bewegung, gezeigt, dass sie erst nach Räumung der besetzten Plätze, als sie in die Stadtteile ausschwärmten und dort gemeinsam mit den von Zwangsräumungen und Privatisierung Bedrohten Kampagnen entwickelten, Banken besetzten und „den Unmut im Alltag organisierten" (Candeias / Völpel 2014: 155), die Distanzen zwischen AktivistInnen und den ‚Betroffenen' überwinden konnten. Als sie in die Stadtviertel gingen und dort – z.B. über die Plattform der Geschädigten der Hypotheken – in Kontakt mit den Bankenopfern, Zwangsgeräumten, Verschuldeten und Obdachlosen traten, konnten sie gemeinsame Allianzen schmieden. In Berlin stellt der Kampf von Kotti & Co.[4] ein Beispiel dar, wo primär migrantische SozialmieterInnen sich gegen explodierende Mieten ihrer vormaligen Sozialwohnungen organisierten und bald Unterstützung von Nachbarn und stadtpolitischen Initiativen erhielten. Auch das „Bündnis Zwangsräumung verhindern" stellt einen solchen Versuch dar, Kontakte und Brücken zu den unmittelbar Betroffenen zu bauen. Bei solchen neuen Kollaborationen zwischen Indignado- oder Occupy-AktivistInnen, den ‚üblichen' BewegungsakteurInnen einerseits und marginalisierten Stadtteil- und Mietergruppen andererseits, entstehen – in Blockaden zur Verhinderung von Zwangsräumungen oder Kampagnen gegen Hypothekenkündigungen – Gelegenheiten, die Distanzen und Vorbehalte zwischen Migrantengruppen und SozialhilfeempfängerInnen und den ‚Radikalen' der Indignado-Bewegung bzw. der Aktivistenszene abzubauen. Dort, wo die in der neoliberalen Stadt Unerwünschten, die an die Peripherien Verdrängten sich selbst zu Wort melden, ergeben sich die besten Möglichkeiten, das Recht auf eine „Stadt ohne Armut" zu erkämpfen. Denn wo die bislang ‚Stimmlosen' eigenständig sprechen und selbst zu Handelnden geworden sind, sind ihre Themen und Forderungen wirklich präsent (ohne von existierenden Bewegungskulturen überformt zu werden).

Weil jedoch die prekären Ressourcen dieser Gruppen, ohne Unterstützung von außen, bald aufgebraucht sind, erreichen sie oft genug kaum Zugeständnisse. Deshalb sollten die privilegierteren Bewegungsgruppen ihre Schlüsselposition im Rahmen der aktuellen städtischen Entwicklungspolitik und den Einfluss, den sie ermöglicht, strategisch einsetzen. Ihr ‚kulturelles Kapital', das Stadtpolitiker so gerne instrumentalisieren, sollten sie nicht nur für temporäre und auf die eigene Klientel begrenzte Zwecke nutzen. Es kann weit mehr Hebelwirkung entfalten in Zusammenhang mit den breiteren Kämpfen gegen die Exklusionen des neoliberalen Urbanismus. Wo die Outcasts der neoliberalen Stadt mit denen zusammenarbeiten, deren Aktivismus und Talente (zumindest partiell) begehrt sind im Rahmen der neoliberalen Stadtpolitik und sie deshalb über *Leverage* verfügen, kann so auch das Risiko der Kooptation von Bewegungsorganisationen in das neoliberale Urbanitätsmodell minimiert, könnte das „Recht auf Stadt" – auf „Stadt ohne Armut" – verwirklicht werden.

1 Diese unterstützen v.a. MigrantInnen, TagelöhnerInnen und andere, kaum gewerkschaftlich organisierte Gruppen in untertariflich bezahlten Branchen (vgl. Fine 2006, 2011; Martin u.a. 2007).

2 Versuche linker AktivistInnen, z.B. der Plattform gegen Verdrängung in Altona oder vom Arbeitskreis Umstrukturierung Wilhelmsburg, mit GAGFAH-Mietern zusammen gegen unzumutbare Mietbedingungen, alltäglichen Rassismus und permanente Schikanen zu kooperieren, führten eher dazu, dass die AktivistInnen in die Rolle von ExpertInnen, SozialarbeiterInnen oder InteressenvertreterInnen gedrängt wurden, als dass eine kontinuierliche Mietermobilisierung erzielt werden konnte (vgl. Mayer 2013b).

3 Sie sind relativ privilegiert im Vergleich zu den ‚Outcasts', die im Verwertungszusammenhang der neoliberalen Stadt über keinerlei ‚Kapital' verfügen.

4 Seit 2012 findet dieser Protest von SozialmieterInnen am südlichen Kottbusser Tor in Kreuzberg, getragen v.a. von Müttern der türkischen Community, statt. Die dortige Großsiedlung mit mehreren tausend Wohneinheiten datiert zum überwiegenden Teil aus den 1970er Jahren und wurde ursprünglich als kommunaler Wohnungsbau errichtet. Als in den 1990er Jahren fast 50% der städtischen Wohnungsbaugesellschaften in Berlin privatisiert wurden, war davon auch das südliche Kottbusser Tor betroffen. Mittlerweile sind die Mieten hier höher als am freien Markt (vgl. Kaltenborn 2012).

Quellen

Birke, Peter (2010), „Herrscht hier Banko? Die aktuellen Proteste gegen das Unternehmen Hamburg“, *Sozial. Geschichte Online* 3, S. 148–191 http://www.stiftung-sozialgeschichte.de

Birke, Peter (2014), „Sozialproteste im ‚unternehmerischen‘ Hamburg. Notizen zu ihrer Geschichte“, in: N. Gestring et al. (Hg.), *Stadt und soziale Bewegungen*, Wiesbaden: Springer, S. 83–97.

Birke, Peter (2015), „Right to the city and beyond. The topographies of urban social movements in Hamburg“, in: C. Thörn et al. (Hg.), *Urban Uprisings*. London: Palgrave.

Blechschmidt, A. (1998), „Vom Gleichgewicht des Schreckens: Autonomer Kampf gegen Umstrukturierung im Hamburger Schanzenviertel“, in: StadtRat (Hg.), *Umkämpfte Räume*. Hamburg: Verlag Libertäre Aktion, S. 83–101.

Body-Gendrot, Sophie (2013) „Globalization and Urban Insecurity: Comparative Perspectives“, in: Kuniko Fujita (Hg.), *Cities and Crisis. New Critical Urban Theory*, Sage: London, S. 270–293.

Candeias, Mario / Völpel, Eva (2014), *Plätze sichern! ReOrganisierung der Linken in der Krise*, Hamburg: VSA.

Chabaniet, D. / Faniel, J. (Hg.)(2012), *The Mobilization of the Unemployed in Europe: from Acquiescence to Protest?* New York: Palgrave Macmillan.

DPWV (Deutscher Paritätischer Wohlfahrtsverband Gesamtverband)(2015), *Die zerklüftete Republik. Bericht zur regionalen Armutsentwicklung in Deutschland,* 2014 http://www.der-paritaetische.de/index.php? eID=tx_naw-securedl&u=0&g=0&t=1425305071&hash=4a70997df bdf37713d0478835bd2f12925bbc696&file=fileadmin/ dokumente/2015_Armutsbericht/150219_armutsbericht.pdf

Der Tagesspiegel (02.11.2012), „Die Finanzen der Kommunen: Wir sind Griechenland“, online unter www.tagesspiegel.de/meinung/die-finanzen-derkommunen-wir-sind-griechenland/7333500.html (17.04.2014).

Die Zeit (19.02.2015), „Armut in Deutschland auf Höchststand“, <http://www.zeit.de/wirtschaft/2015-02/armut-deutschland-bericht-paritaetischer-wohlfahrtsverband>

Eick, Volker / Briken, Kendra (Hg.)(2014), *Urban*

(In)Security. Policing the Neoliberal Crisis, Ottawa: Red Quill Books.

Fine, Janice (2006), *Worker Centers. Organizing Communities at the Edge of the Dream*, Ithaca: Cornell UP.

Fine, Janice (2011), „New Forms to Settle Old Scores: Updating the Worker Centre Story in the United States“, *Industrial Relations / Relations Industrielles* 66/4, S. 604–630.

Füllner, Jonas / Templin, David (2011), „Stadtplanung von unten. Die ‚Recht auf Stadt‘-Bewegung in Hamburg“, in: Andrej Holm / Dirk Gebhardt (Hg.), *Initiativen für ein Recht auf Stadt. Theorie und Praxis städtischer Aneignungen*, Hamburg: VSA-Verlag, S. 79–104.

Kaltenborn, Sandy (2012), „‚Die Stadt von morgen beginnt heute‘: Kotti & Co. protestiert gegen die Berliner Wohnungspolitik“, *LuXemburg. Gesellschaftsanalyse und linke Praxis* 4, S. 92–95.

Kronauer, Martin (2014), „Polarisierte Städte. Eine Herausforderung für die Stadtpolitik in Deutschland“, Vortrag in der Kolloquiumsreihe Urbaner Raum, Universität Hamburg, Mai.

Martin, Nina / Morales, Sandra / Theodore, Nik (2007) „Migrant Worker Centers: Contending with Downgrading in the Low-Wage Labor Market“, *GeoJournal* 68, S. 155–165.

Mayer, Margit (2007), „Contesting the Neoliberalization of Urban Governance“, in: Helga Leitner / Jamie Peck / Eric Sheppard (Hg.). *Contesting Neoliberalism; The Urban Frontier.* New York: Guilford Press, S. 90–115.

Mayer, Margit (2011), „Neoliberal Urbanization and the Politics of Contestation“, in: Tahl Kaminer / Miguel Robles-Duran / Heidi Sohn (Hg.), *Urban Asymmetries. Studies and Projects on Neoliberal Urbanization*, Rotterdam: 010 Publishers, 2011, S. 46–61.

Mayer, Margit (2013a), „Multiscalar mobilization for the just city: New spatial politics of urban movements“, in: Walter Nicholls / Byron Miller / Justin Beaumont (Hg.), *Spaces of Contention: Spatialities and Social Movements*, Aldershot: Ashgate, S. 163–196.

Mayer, Margit (2013b), „Urbane soziale Bewegungen in der neoliberalisierenden Stadt“, *sub\urban. zeitschrift für kritische stadtforschung*, 1/2013 (Summer), S. 155–168, http://www.zeitschrift-suburban.de/sys/index.php/suburban/article/view/13

Peterson, Abby / Wahlström, Mattias (2015), *Participation in Old and New Social Movements Organizing European Anti-Austerity Protests 2010–2012: The Same, Only Different?* Ms.

Rosa Luxemburg Stiftung (2011), *Revolutionäre Realpolitik in Zeiten von Kürzungspolitik und Krise.* Tagung am 22.09.2011, http://www.rosalux.de/documentation/44134/revolutionaere-realpolitik-in-zeiten-von-kuerzungspolitik-und-krise.html

Rüdig, Wolfgang / Karyotis, Georgios (2013), „Beyond the usual suspects? New participatns in anti-austerity protests in Greece“, *Mobilization: An International Quarterly* 18/3, S. 313–330.

Rügemer, Werner (2012), „Der Ruin der Kommunen: Ausverkauft und totgespart“, *Blätter für deutsche und internationale Politik*, 8, S. 93–102.

Schierup, Carl-Ulrik / Ålund, Aleksandra / Kings, Lisa (2014), „Reading the Stockholm Riots – a moment for social justice?“ *Race and Class* 55/3, S. 1–21.

Peter Mörtenböck / Helge Mooshammer

Blendende Werte: Die globale Zirkulation von Architektur-Kapital

In seinem Buch *Die Verortung der Kultur* stellte der Kulturtheoretiker Homi Bhabha zur Spannung zwischen historischer und performativer Autorität im Raum kultureller Sinngebung fest, dass es immer bereits zu spät oder aber zu früh ist, um über Krisen zu schreiben.[1] In Anbetracht des krisengeschüttelten Immobilienmarkts unserer Tage scheinen auf ähnliche Weise Investitionen in die gebaute Umwelt immer zu früh oder zu spät zu kommen, um dem allgemeinen Wohl dienlich zu sein. Immer mehr scheint die Tätigkeit des Bauens unter den Druck von schwankenden Kapitalflüssen, konkurrenzierenden Unternehmen, wechselnden Regierungen, Umweltproblemen oder Bürgerprotesten zu geraten. Statt Architektur am Anfang oder Ende eines Prozesses zu platzieren, möchten wir hier nach einem Weg suchen, Architektur jenseits der Polarität von projiziertem ‚Image' und historischem Objekt zu betrachten. Unser Interesse gilt der Frage, wie in einer Zeit, in der traditionelle Formen der Repräsentation immer mehr an Kraft verlieren, zentrale politische Sinnbilder und Paradigmen über Investitionen in Architektur hervorgebracht werden. Was uns hier beschäftigt, ist die Wirkmacht von ‚Architektur-Kapital' – ein Begriff, den wir verwenden, um den profitorientierten Einsatz von Architektur in der Erschließung von Investititonsneuland zu beschreiben. Die Entwicklung von Architektur zu einem spezifischen Modus von Kapital ist dabei nicht nur von Investitionen und Spekulationen an sich geprägt, sondern von einem komplexen System an ‚extensiver' und ‚intensiver' Ausdehnung entlang strategischer Raumexperimente und Risikonahme.

Die Globalisierung der Immobilienmärkte in den letzten zwanzig Jahren hat Architektur zu einer immer schneller gehandelten Ware stilisiert, in deren Gestaltung Fragen des Tauschwerts solche des Nutzwerts weit hinter sich gelassen haben. Architektur ist in diesen Prozessen zu einem Mittel der Herstellung und Ausweitung von Investitionsmärkten geworden, in denen ihr Vermögen der symbolischen und materiellen Bedetungsgebung – als Architektur-Kapital – in erster Linie zum raschen ‚Erbauen' von Profit eingesetzt wird; Parameter der Prozesssteuerung gewinnen auf diese Weise Oberhand über Fragen der konkreten Auswirkung auf die gebaute und soziale Umwelt. Gerade aus dem unterschiedlichen Wirken von Materialität und Symbolik resultiert aber die angesprochene Unmöglichkeit, Krisen der Architektur zeitgerecht zu erfassen: Denn auch wenn in den globalen Finanzmärkten vor allem mit virtuellen Bildern von Architektur gehandelt wird, so lassen sich diese Prozesse nicht von der dem Bauen eigenen Zeitlichkeit und Ereignishaftigkeit trennen, auf die sich diese Spekulationen stützen.

Die Ungleichzeitigkeit dieser Realitäten nun als Auslöser oder Folge krisenhafter Entwicklungen darzustellen und für das Scheitern von Projekten verantwortlich zu machen, greift jedoch zu kurz. Um die Logiken von Architektur-Kapital in diesen Kreisläufen besser verstehen zu können, wollen wir uns hier daher zum einen der Frage widmen, wie weit diese Ungleichzeitigkeit nicht nur dem Anheizen von Spekulationsblasen, sondern auch einem verlagerten Abbau von Krisen dient – welche Kapitalsysteme also in Bezug auf die Bedingungen von Architektur-Kapital entwickelt werden. Zum anderen interessiert uns, inwiefern sich aus den gebauten Realitäten dieser schwankenden Märkte auch andere Verhältnisse von Tausch- und Nutzwert ergeben können. Eröffnen sich in Krisenzeiten besondere Möglichkeiten zur Aneignung von Architektur-Kapital? Dazu möchten wir einen näheren Blick auf zwei Orte werfen, die von der intensiven Bauspekulation im mittleren Osten und im Mittelmeerraum gekennzeichnet sind: Ajman in den Vereinigten Arabischen Emiraten und Marrakesch in Marokko. In beiden Fällen zielten die staatlich geförderten Programme auf eine massenhafte Errichtung von Wohnimmobilien durch Projektentwickler ab – wenn auch mit deutlich unterschiedlichen Ergebnissen.

Freud und Leid – Hymnen der Dubaisierung

Der prestigeträchtige Burj Khalifa, das derzeit höchste Gebäude der Welt, gilt als Markenzeichen des Neubaugebiets von Downtown Dubai. Neben Luxuswohnungen und -büros beherbergt der Wolkenkratzer gehobene Restaurants sowie exklusive Einkaufs- und Freizeitmöglichkeiten. Zu den wohlhabenden Investoren aus Indien, die beinahe 20 Prozent der 900 Apartments dieses Turms besitzen, hat sich in jüngster Zeit eine elitäre Käuferschaft aus Ländern wie Ägypten, Iran oder Libanon gesellt, die nach den Umstürzen des Arabischen Frühlings einen sicheren Ort für ihr Vermögen suchten. Als würden sie dem Sieger im nächtlichen Glitzerwettbewerb allstündlich ihre Ehrerbietung erweisen, erheben sich zu Füßen des Gebäudes die Fontänen der berühmten *Tanzenden Brunnen* zu den Klängen von Musikstücken wie Andrea Bocellis *Con te partiro*, der arabischen Tanznummer *Shik Shak Shok* oder Lou Reeds *Walk on the Wild Side*.

Kaum mehr als eine halbe Fahrstunde entfernt, im Landesinneren von Ajman, dem kleinsten der Vereinigten Arabische Emirate (VAE), stehen die verlassenen Ruinen eines weiteren großangelegten Bauprojekts einsam in der Wüste. Auch dieses Emirates City getaufte Projekt hatte mit der Errichtung von pittoresken Parks und Seen, großzügigen Shopping Malls, Fünf-Sterne-Hotels, Moscheen, Bildungs- und medizinischen Einrichtungen geworben. Doch anstelle des verheißenen Menschentrubels sind in Wirklichkeit ein paar grasende Kamele als einzige lebendige Gestalten in den Sandwolken auszumachen. Dubai Downtown wie Emirates City sind Produkte desselben Investitionsbooms, der ausländische Investoren vor allem aus Indien, Großbritannien und Pakistan dazu bewog, Eigentum in den VAE zu erwerben;[2] und dennoch scheinen Welten zwischen diesen beiden Schauplätzen zu liegen.

Gerade Immobilienmärkte florieren besonders in einer durch Spekulationen über exzessive Wertsteigerungen geschaffenen Blase von Anhäufungen und Wiederverkäufen.

Während der Burj Khalifa als strammer Zeuge der globalen Stärke von Immobilienspekulation erscheint, ist die Emirates City – bei gleicher Verkaufstaktik wenngleich auf niedrigerem Investititonsniveau – der Finanzkrise von 2008 zum Opfer gefallen, als der für die Fertigstellung des Projekts erforderliche Kreditfluss versiegte. Die Betonskelette der Emirates City sind so zu einem Grabmal der gescheiterten Träume von Kleininvestoren aus dem Iran, Pakistan, Indien und verschiedenen Gebieten der Nahost-Diaspora in Europa und Nordamerika geworden. Mit ihrer verkehrstechnisch günstigen Lage direkt an der Emirates Road, einer der Hauptverbindungen im Straßennetz der VAE, war die Emirates City eines der letzten Bauvorhaben, die versuchten, auf das Dubai-Modell glamouröser, angebotsorientierter Projekte aufzuspringen. In diesem Wettlauf um arabische und internationale Investoren waren spektakuläre architektonische Gesten zu einem wesentlichen Mittel der Demonstration ökonomischer Potenz geworden. Ambitionierte Visionen wie das gigantische Landgewinnungsprojekt der Inselgruppe Palm Jumeirah oder die noch größer angelegten ‚Palmen' von Deira und Jebel Ali versuchten einander ebenso den Rang abzulaufen wie die nun vom Meer langsam wieder weggespülten Inseln von ‚The World'.

Um den Erfolg früherer Projekte wie Dubai Downtown oder Dubai Marina zu überbieten, setzten diese großmaßstäblichen Entwürfe in erster Linie auf typologische Anleihen, Wiederholungen und Steigerungen.[3] Im Einklang mit diesem Prinzip sah der Masterplan der Emirates City die Errichtung von 92 Wohntürmen vor, die mit wohlklingenden Namen wie Paradise Lake Towers, Goldcrest Dreams oder Fortune Residency Tower angepriesen wurden. Allerdings waren die Bauarbeiten nur wenige Monate vor Beginn der globalen Finanzkrise aufgenommen worden, und ebenso schnell wurden sie wieder eingestellt. Ein paar Türme erreichten die Dachgleiche. Die meisten der schon in Bau befindlichen Objekte wurden jedoch auf halber Höhe aufgegeben. Andere wiederum bestehen aus kaum mehr als den Fundamenten. Im Frühling 2014 fanden sich auf der Baustelle ab und zu ein paar Arbeiter ein, um den Schein von laufenden Bauarbeiten aufrecht zu erhalten. Dies sollte nicht nur Investoren zur Wiederaufnahme ihrer Kreditzahlungen bewegen, sondern auch dabei helfen, drohende Interventionen der Behörden und Gerichte abzuwenden. Mittlerweile weisen die Rohbauten deutliche Verfallserscheinungen auf; an vielen Stellen lässt die Verwitterung bereits den Beton abbröckeln und die Bewehrungseisen zum Vorschein kommen. Für einen Großteil dieser Bauskelette kommt, sofern sie nicht einfach sich selbst überlassen bleiben, wohl nur noch der Abbruch in Frage.

Selbst jene Türme, die äußerlich fertiggestellt erscheinen, können nicht bezogen werden, da Emirates City an kein Versorgungs- und Verkehrsnetz angeschlossen ist. In krassem Gegensatz zu den Las Vegas-gestylten Werbebildern mit ihren solitären Hochhäusern, die am Ufer des obligatorischen künstlichen Sees im Scheinwerferlicht erstrahlen, stehen die gespenstischen Überreste wie in einer alptraumhaften Szene dicht gedrängt nebeneinander. Die angepriesenen glamourösen Aufbauten – Penthäuser, Luxusterrassen und architektonisches Schmuckwerk – finden sich auf keinem der Türme. Die monotone Aneinanderreihung der immer gleichen Form von Podest-Türmen – gesichtslose Wohngeschosse, die auf einer Box von gestapelten Parkgeschossen sitzen – verstärkt ihre fremdartige Wirkung und Abgehobenheit von der unmittelbaren Wüstenumgebung. Ein Blick auf die Grundrisspläne macht klar, dass die Vision von ‚avantgardistischem Wohnen' auch bei einer Fertigstellung der Gebäude kaum hätte wahr werden können. Ohne den räumlichen Kontext zur Kenntnis zu nehmen, waren dicht gepackte Ein-Zimmer-Wohnungen wie koordinatenlose Waren gehandelt worden, deren Wert in erster Linie anhand der jeweiligen Dimension der Wohneinheiten und der damit einhergehenden Annehmlichkeiten bemessen wurde.

Vor allem die Verknüpfung der Aussicht auf „echtes, hundertprozentiges Eigentum" (so eine weitverbreitete Werbeformel vor Ort) mit dem Versprechen von Aufenthaltsgenehmigungen für die engsten Angehörigen hatte iranische und indische Familien dazu verleitet, in dieses fiktionale Gebilde zu investieren und ihre lebenslangen Ersparnisse dafür zu riskieren.[4] Diese Hoffnungen erfuhren jedoch im Jahr 2008 einen entscheidenden Dämpfer, als die Regierung von Ajman der Aussicht auf Aufenthaltsgenehmigungen für Immobilieneigentümer eine Absage erteilte und so zu einem weiteren Verfall der Marktpreise beitrug.[5] Seither suchen weit entfernte Investoren auf diversen Onlineforen verzweifelt nach einem Weg, zumindest einen Teil ihrer Investitionen zurückzuholen – hin- und hergerissen zwischen Ankündigungen über die Wiederaufnahme der Bauarbeiten und offensiv betriebenen Wohnungstausch-Angeboten. Vor Ort ist die stagnierende Baustelle von der vorbeiführenden Autobahn durch eine gigantische Plakatwand abgeschirmt. Darauf ist in goldenen Buchstaben der wenig überzeugende Spruch zu lesen: „It can only grow BIGGER the next time you pass by."

Die gemeinsame Betrachtung der beiden Schauplätze von Dubai Downtown und Ajmans Emirates City macht sowohl die Fehlschläge einer politisch unterstützten ‚Liberalisierung' globaler Geldflüsse deutlich als auch die vielen Verluste, die Konjunkturschwankungen mit sich bringen. Was beide Schicksale miteinander verbindet ist die Art und Weise, wie eine architektonische Ästhetik und die damit propagierten Botschaften von luxuriöser Qualität und Stil eingesetzt werden, um Akteure aus der ganzen Welt zusammenzubringen und ihr Vermögen an bestimmte Interessensbereiche zu binden. In unserem am besten wohl als affektiver Kapitalismus bezeichneten Zeitalter ist urbane visuelle Kultur zunehmend in die Manöver und Manipulationen von spekulativen Ökonomien verwickelt. Im Erschließen, Bündeln und Lenken von Kapitalströmen mittels emotionaler Bindungen verschiebt sich ihre Funktion immer mehr von einer Repräsentationsebene der ökonomischen Ordnung zu einem Aktionsmechanismus für spekulative Investitionen. Um die Ambivalenzen, die mit dieser organisatorischen Veränderung verbunden sind, besser verstehen zu können, wollen wir im Folgenden versuchen, den immer erfindungsreicheren Formen affektiver Beziehungen zwischen dem Einsatz von Kapital und unseren zeitgenössischen Lebensweisen nachzuspüren.

Investitionen auf der Suche nach Raum

Obwohl es wenig Zweifel daran gibt, dass Architektur eine wichtige Figur in den Schachzügen des globalen Kapitals darstellt, wird sie oft bloß als Objekt spekulativer Investitionen oder als Widerspiegelung ungleicher Vermögensverteilung gesehen. Besonders seit dem Platzen der Finanzblase, der Architektur bis ins Jahr 2007/2008 Raum und Form gegeben hatte, wird unsere gebaute Umwelt vermehrt zur Illustration der Krise herangezogen:

Emirates City, Ajman, Vereinigte Arabische Emirate (2014)

Aufnahmen von in Zeiten des Booms errichteten Geisterstädten wie etwa Emirates City versinnbildlichen die katastrophalen Auswirkungen von Finanzspekulation, Umweltzerstörung und sozialer Ungerechtigkeit. Wenn wir uns auf die Produktion von Architektur jedoch nur anhand dieser Illustrationslogik beziehen, verschmälert dies nicht nur unseren Blickwinkel auf die Zusammenhänge zwischen globalen ökonomischen Prozessen und räumlichen Entwicklungen, sondern verschleiert auch, wie Architektur selbst als Kapital wirkt.

Für die moderne kapitalistische Wirtschaft der letzten 200 Jahre umschreibt Fortschritt vor allem die Etablierung neuer Märkte und ist damit zuallererst an die Erschließung neuer Räume geknüpft. Wie David Harvey in seinen Analysen ungleicher geografischer Entwicklungen deutlich macht, bildet die Art und Weise, wie Überschusskapital mittels territorialer Ausbreitung und neuer räumlicher Ordnungen in vorhandene ökonomische Kreisläufe aufgenommen werden kann, ein Schlüsselelement des kapitalistischen Wirtschaftens.[6] Harvey verweist darauf, dass die sich ständig ändernden Allianzen zwischen Kapital und kapitalistischem Staat hier eine entscheidende Rolle spielen. Sie helfen technologische und organisatorische Vorstöße einzubetten, formen darüber hinaus aber auch einen Handlungsrahmen für die Aneignung neuer Gebiete.[7]

Die hierzu angewendeten Strategien reichen von der Ausweitung des Zugriffs der Marktwirtschaft auf neue Territorien (Welthandel, Mikrokredite etc.) und der Sicherung des Nachschubs an Ressourcen (Neokolonialismus, Landraub etc.) bis zur Umstrukturierung konkreter Bereiche sozio-ökonomischer Organisation (Zersiedelung, Auslagerung von Produktionen etc.). Ein Beispiel ist das seit Mitte des 20. Jahrhunderts von den USA ausgehend propagierte Begehren nach dem vorstädtischen Eigenheim. Dies hat nicht nur zu einer Ankurbelung der Bauwirtschaft beigetragen, sondern auch einen Boom in der Warenproduktion ausgelöst, von individuellen Verkehrsmitteln bis zu Haushaltsgeräten und Produkten der Telekommunikation – ein Wachstumsmodell, das mittlerweile rund um die Welt exportiert und kopiert wurde.

Das Beispiel Dubai macht deutlich, wie in den letzten Jahrzehnten der Globalisierung eine neue Phase in der Ausweitung von spekulationsgetriebenen Räumen des Wirtschaftens begonnen hat. Angespornt von der Pionier-Mentalität des globalisierten Unternehmertums sind profitorientierte Investitionen in Architektur zu einem zentralen Motor wirtschaftlichen Wachstums geworden. Dieser Siegeszug des spekulativen Städtewesens[8] wird von einer unaufhörlichen Nachfrage nach immer neuen Investitionsarten angetrieben, bei denen die gebaute Umwelt weniger als Ort für die Produktion von Waren zählt, als vielmehr selbst als kapitalistische Ware gehandelt wird.

In diesem globalen Markt ist die Entscheidungshoheit über Bauprojekte und Infrastrukturinvestitionen zunehmend zu einer Domäne von Finanzinstituten und Beratungsfirmen geworden. Architektur stellt die nötigen Technologien und kulturellen Referenzen zur Verfügung, um die hinter diesen Entwicklungen stehenden wirtschaftlichen und staatlichen Vorstellungen zu verwirklichen. In dieser Suche nach immer neuen Investitionsmöglichkeiten garantiert der Einsatz von erkennbarer und wiederholbarer Markenzeichenarchitektur, der sogenannten *signature architecture*, die Mobilität globaler Vermögenstöpfe. Von der sich rasant verändernden Skyline von Dubai bis zu Shanghais boomender Sonderwirtschaftszone Pudong und den beeindruckenden IT-Parks vieler indischer Städte wird der Wohlstand ganzer Regionen immer mehr an ihren spektakulären Bauprogrammen festgemacht. Architektonisches Vokabular hilft in allen diesen Fällen mit, die passenden Geschichten zu verfassen, die den Wechsel vom Investieren in Produktion und Wohnen zum Anlegen von Vermögensportfolios unterstützen.

Um die projektive Kraft von Kapital besser zu verstehen, erscheint es uns sinnvoll, sich auf die in der Etymologie dieses Begriffs enthaltene doppelte Bedeutung zu besinnen: Kapital wurzelt im lateinischen Begriff *caput* (Kopf) und verweist sowohl auf eine bestimmte Form von Lenkung als auch auf eine besondere Anordnung von Kraft und Vitalität. Es ist sowohl Produktionsmittel als auch Bedeutungsgeber. Dieser doppelte Charakter von Kapital offenbart eine entscheidende Verbindung zwischen den operativen und kommunikativen Dimensionen räumlicher Produktion, zwischen materiellem Auftritt und ideellen Gesten.

Im Bereich der Ökonomie steht Kapital für das Einbringen von Mitteln in Kreisläufe der Produktion. Es bezeichnet einen Produktionsfaktor, der dazu dient, andere Güter zu erzeugen oder Dienstleistungen zu erbringen. Der Begriff Kapital wurde zunächst über Methoden der Buchhaltung eingeführt und mit dem aufkommenden Kapitalismus im 19. Jahrhundert weiter ausgearbeitet. Typischerweise bezieht sich Kapital demnach auf Vermögen, das eingesetzt wird, um Profite zu erzielen. Bourdieus Ausweitung des Begriffs vom Gebiet der Ökonomie auf ein breiteres Feld von Vermögenswerten – darunter etwa auch symbolische, kulturelle oder soziale Werte – hat eine entscheidende Wende in unserem Denken eingeläutet, die darauf Einfluss nimmt, wie wir die Schaffung, Anhäufung und Zirkulation von Vermögen diskutieren. Insbesondere der Begriff des symbolischen Kapitals hat dazu beigetragen, die affektiven Dimensionen von Kapital, auf die wir vorhin bereits verwiesen haben, zu fassen. Affektives Kapital hängt davon ab, wie menschliche und nicht-menschliche Akteure, darunter auch die gebaute Umwelt, kontextuelles Prestige, Besonderheit und Wiedererkennbarkeit zu Werten machen. In ihren Schriften über den Zusammenhang von Kapital und Gefühl haben Christian Marazzi, Maurizio Lazzarato, Franco (Bifo) Berardi und andere postautonome Denker deshalb unsere Aufmerksamkeit auf die wachsende Bedeutung von Kommunikations- und Beziehungsarbeit gelenkt, die aus der Verknüpfung von affektiven Dimensionen in Kreisläufen der Wertschöpfung mit der Fähigkeit Investment anzuziehen resultiert.[9]

Wenn wir Architektur auf diese Weise interpretieren – als Investitionsmittel und nicht als eine bestimmte Form von Gestaltung – dann stellen sich damit auch Fragen über die Logiken und Konsequenzen dieser weltweit wirksamen Ökonomie. Ein Aspekt, den wir hier berücksichtigen müssen, hat damit zu tun, dass dieses Aufkommen von neuer räumlich-ökonomischer Pionierzonen von Interaktionen über unterschiedlichste Distanzen, weltumspannenden Bahnen konzessionierter kommerzieller Strukturen und einer Mobilisierung globaler Kundenstöcke abhängt. Die Übernahme der austauschbaren Umgebungen luxuriöser Einkaufszentren, der Abschluss von strategischen Verbindungen mit globalen Marken, die Austragung von internationalen Sportveranstaltungen – all diese Aktivitäten ebnen den Weg, um Investitionsneuland als eine gefällige Umgebung zu etablieren. Eine bessere Kenntnis der Mechanismen dieser performativen Dimension von Architektur kann uns helfen, etwas darüber herauszufinden, wie die dynamischen

Überschneidungen, Ankerpunkte und Knoten von Bauwirtschaft, Finanzwesen, Management und Kommunikation eine zunehmend elastische Monumentalität hervorbringen, sowohl in Hinblick auf die räumlichen Protokolle als auch auf die territorialisierenden Aspekte einer aufkommenden globalen Ökonometrie.

Aufteilungen

Die Schilderungen von rekordbrechenden Wolkenkratzern und jene von Landstrichen an verlassenen Baustellen, die im (sinnbildlichen, wenn nicht gar buchstäblichen) Schatten des Baubooms immer wieder auftauchen, sind ein deutliches Indiz für den enormen Einfluss von Banken, Finanz- und Steuerwesen auf die gebaute Umwelt. Die Finanzwirtschaft ist nicht nur zu einem mächtigen Steuerungsorgan der Bevölkerungstrennung und Gentrifizierung in großstädtischen Gebieten geworden, sondern auch ganz allgemein eine wichtige Triebfeder im Festlegen der Muster und Prinzipien städtischer Entwicklung. Die weltweite Vervielfältigung spekulativer Großprojekte hat einen globalen Raum der permanenten Krise hervorgebracht, in dem die ungeschönten Realitäten gescheiterter Finanzspekulationen mehr und mehr zum Vorschein kommen.

Immer augenfälliger produziert die Wirklichkeit der wuchernden urbanen Informalität das Gegenbild zu den Werbebotschaften von Hochglanztürmen und glitzernden Marinas. In den letzten Jahren ist der Zusammenhang zwischen diesen beiden Seiten von spekulativer Architektur vermehrt ins Scheinwerferlicht gerückt. Es wird zunehmend anerkannt, dass Informalität nicht einfach ein Nebenprodukt des kapitalistischen Systems darstellt, eine Phase, die es zu überwinden gilt, sondern untrennbar damit verbunden ist, und zwar in allen Stufen der Entwicklung.[10] Die informelle Stadt ist sowohl Vorbote als auch Erbe von Architektur als Kapital.

Sechstausend Kilometer westlich von Dubai, an der Atlantikseite Nordafrikas gelegen, ist ein weiteres ambitioniertes Bauprojekt aufgrund nachlassender Kapitalflüsse zum Stillstand gekommen. Unzählige Kilometer an fertiggestellten, aber unbebauten Straßen, endlose Reihen an Straßenlaternen, Verkehrsschildern, Elektrizitätskästen, unangeschlossenen Kanalrohren und von Unkraut überwucherten Gehsteigen ergeben ein beinahe schon vertrautes Bild der Überbleibsel gescheiterter Projekte – eine Szene, die sich entlang der Küsten des Mittelmeers und an anderen ehemaligen Brennpunkten der Immobilienspekulation unaufhörlich wiederholt. Auch hier in Tamansourt sind verlassene Baustellen mit Brettern vernagelt und fast fertiggestellte Apartmentanlagen stehen leer. Dazwischen füllen sich jedoch Teile des aufgeschlossenen Landes langsam mit Einzelbauten, die auf neu aufgeteilten Kleingrundstücken informell in Selbstbauweise errichtet werden. Tamansourt ist eine von 14 geplanten *cités nouvelles*, die bis 2020 in ganz Marokko entstehen sollten. Die zu Kolonialzeiten errichteten *cités nouvelles* dienten der komfortablen und stilvollen Unterbringung der fremden Herrscher außerhalb der alten Medinas. Im Gegensatz dazu liegt der Zweck der *cité nouvelle* des 21. Jahrhunderts in der Aufnahme der wachsenden urbanen Arbeiterschichten Marokkos. Typischerweise befindet sie sich als Satellitenstadt außer Sichtweite des Stadtzentrums, das sie versorgen soll.

Knapp zehn Kilometer westlich von Marrakesch gelegen und für eine Bevölkerungszahl von 300.000 (50.000 bis zum Jahr 2013) Personen geplant, sollte Tamansourt vor allem den Druck auf die *bidonvilles* dieser beliebten Tourismusdestination reduzieren helfen und zugleich wertvolle Flächen für die Entwicklung exklusiver Urlaubsresorts (nach dem Vorbild des Ablegers des Super-Klubs Pacha aus Ibiza) rund um die Altstadt freimachen. Tamansourts auf Eigentumsimmobilien basierendes Prinzip der Stadtentwicklung borgte sich dazu nicht nur, wie mittlerweile allerorts üblich, kommerzielle Muster der US-amerikanischen Immobilienindustrie, sondern auch deren architektonische Typologien: verschiedene Varianten von *gated communities* mit abgespeckten Versionen von privaten Pools und anderen Annehmlichkeiten, die alle in einer paradoxen Mischung von Stilen errichtet sind, von neospanisch bis zu maurisch und ‚modern'.

Über unterschiedlichste Schauplätze hinweg geteilte Investitionsgrundsätze bringen hier eine Art ‚global-vernakuläre Architektur' hervor, deren Hauptanliegen es ist, einen prestigeträchtigen Lebensstil gekonnt zu inszenieren, ungeachtet der tatsächlichen Preisklasse der jeweiligen Immobilie und unabhängig davon, ob dieser Stil eine millionenteure Villa in Kalifornien, ein Penthouse-Apartment mit Meerblick in Dubai Marina oder eine kleine Familienwohnung in der Wüste von Ajman oder Marrakesch schmückt.

Der Einsatz eines kommerziellen Bauträgermodells im Massenwohnbau folgt einer generellen Eingliederung Marokkos in globale Wirtschaftskreisläufe. Die dadurch angepeilten Märkte reichen von kommunalen Dienstleistungen und Informationstechnologien, zu denen internationalen Unternehmen Zutritt gewährt wurde, bis zur Tourismusindustrie und ihrer zunehmenden Ausrichtung auf die profitable Marke von ‚internationalen 5-Sterne-Resorts' – eine weltweit angebotene Mischung aus asiatischer, kalifornischer und mediterraner Ästhetik, die mittels Freizeitangeboten, Wellnesspaketen, Design und Kulinarik erzielt werden soll. Im Fall von Marrakesch ist es mit diesem Modell der spekulativen Entwicklung – gemeinsam mit der steigenden Anzahl von Billigflügen aus Europa – gelungen, einen äußerst aktiven Markt an ausländischem Investment in Ferienimmobilien in Gang zu bringen.

Nachdem auch in Marokko nach 2008/2009 Kreditvergaben an untere und mittlere Einkommensbezieher zum Erliegen gekommen waren, begannen verschiedene Bauträger in Tamansourt damit, vermehrt einzelne Grundstücke anstelle fertiger Wohnungen zu verkaufen. Im Jahr 2014 entsprachen die Preise für ein zirka hundert Quadratmeter großes Grundstück mit Wasser- und Elektrizitätsanschluss in etwa den Preisen, die für ungefähr gleich große Apartments verlangt wurden (180.000 bis 250.000 marokkanische Dirham). Je nach finanzieller Lage erlaubt der Kauf eines solchen Grundstücks den flexiblen Ausbau an Geschossen im Selbstbau. Der Stil dieser neuen selbsterrichteten Eigenheime unterscheidet sich deutlich von den image-orientierten kommerziellen Projekten in Tamansourt. Um die Geschossflächen zu maximieren, formen diese Häuser solide Blöcke aus Betonziegeln, in die nur wenige Öffnungen zur Straßenseite und zu winzigen Innenhöfen eingeschnitten sind. In der Tat ist das ‚städtische Dorf', das hier inmitten der grandios ausgelegten Straßenzüge des ursprünglichen Masterplans entsteht, nur schwer vom Bebauungsmuster der *bidonvilles* zu unterscheiden, die diese *cités nouvelles* eigentlich ersetzen sollten.

Nordafrika hat eine Geschichte als Versuchsgebiet für alle Arten von spekulativem Urbanismus: von (neo)kolonialer Ausbeutung und Experimenten mit neuen Stadtplanungsprogrammen bis zum Entwurf von pan-afrikanischen Infrastrukturen und der heutigen Praxis von Landraub. Als Le Corbusier in den frühen 1930er Jahren mit seiner Arbeit am *Plan Obus* für Algier begann, entstanden aus seiner von den Ideen des Syndikalismus[11] inspirierten anti-kapitalistischen Haltung Entwürfe für eine über 14 Wohngeschossen errichtete Schnellstraße, die eine Abfolge von Vorstadtgebieten miteinander verbinden sollte. Die Wohnebenen sollten als rohe Strukturen errichtet werden, als eine Art Infrastruktur-Hülle, in die nach und nach Behausungen für 180.000 Arbeiter eingebaut werden und so zu einer linearen Stadt zusammenwachsen sollten. Angesichts dieser historischen Parallele scheint das gegenwärtige urbane Gewebe, das den Reißbrettplan von Tamansourt auf den Kopf gestellt hat, nicht nur lokalen Traditionen der informellen Raumerweiterung zu folgen, sondern weist auch – wenngleich in seiner Formensprache weit von Corbusiers Vision entfernt – eine verblüffend ähnliche Form der modularen Inanspruchnahme von großflächig bereitgestellten Infrastrukturen auf.

Monumentalität und visuelles Vergnügen

Im Zusammenhang mit der Erschließung von Investitionsneuland stellen der städtische Raum und seine Architekturen nicht nur die physische Umgebung für das Ausformen neuer ökonomischer Programme zur Verfügung, sondern auch die symbolischen Repräsentationen, um den kollektiven Glauben daran zu stützen, und die Mittel, mit denen sich ökonomisches Unternehmertum in immer neue Bereiche ausdehnt. Ungeachtet dessen, wie spekulativ ein Vorhaben auch sein mag, scheint eine begleitende Untermalung mit Bildern architektonischer Entwürfe immer einen gewissen Grad an Machbarkeit zu garantieren. Solche Bilder können als Katalysatoren für neue kollektive Haltungen und für Veränderungen im politischen Sprachgebrauch wirken. In dieser Weise fungiert

Architektur als ein Monument der Kapitalanhäufung und Wertverschiebung. Auf einer ersten Ebene absorbiert und akzentuiert Architektur hier die Bewegungen von Marktspekulationen als eine mobilisierende Kraft, mit der die in diese Transaktionen verwickelten Objekte – globale Handelseinrichtungen, Technologiecluster oder Transportknoten – miteinander in Verbindung gesetzt und auf monumentale Art und Weise angeordnet werden. Auf einer zweiten Ebene bezieht sich die Leistung von Architektur (oder um im Finanzjargon zu bleiben, die *Performance* von Architektur), auf eine andere Form von Monumentalität, die von Charakter ist und sich aus dem Verlauf von Kapitalgewinnen ableitet.

Der Burj Khalifa-Komplex beispielsweise, und auch andere großangelegte Spekulationsobjekte in Dubai beziehen ihre monumentale Strahlkraft aus der Begeisterung einer örtlich entfernten, globalen Masse an Bewunderern, die mittels ständig überbotener Höchstleistungen in ihren Bann gezogen werden. Damit gelingt es, ein Repertoire an Erfolgen zu etablieren, das andere Mitwerber nachzuahmen oder zu übertrumpfen trachten. Auf die unersättliche Nachfrage nach handelbaren und steigerbaren Einheiten an städtischem Raum wird mit rasant entwickelten Prototypen und Lifestyle-Paketen reagiert. Dazu zählen alle Arten von ‚Premium Spaces', aber auch die Produktion urbaner Neuheiten wie ‚Indoor Forests', ‚Sky Living' oder ‚Water Worlds', wobei der Verkauf von Einheiten der Planung entsprechender infrastruktureller Bereiche oft weit vorauseilt. Dieses Branding und Zusammenschnüren von großmaßstäblichen Bauprojekten zu hochwertigen Anlageobjekten vermischt die Wirkkraft von *signature style architecture* mit den Dramen kultureller Politik und den politischen Machtansprüchen von Regionen. So ist die zunehmend dynamische und elastische Monumentalität von Spekulationsarchitektur zu einem kritischen Referenzpunkt in Zeiten wirtschaftlicher Expansion und den darauf folgenden Krisenzeiten geworden.

Wenn wir uns die affektiven Ebenen, die in dieser Monumentalität von Architektur-Kapital eingesetzt werden, näher ansehen, stechen zwei dominante Dimensionen hervor: Furcht und Begehren. Dieses Begriffspaar erinnert daran, wie sich in Italo Calvinos Roman *Die unsichtbaren Städte* aus dem Jahr 1970 die Figur des Marco Polo mit der komplexen Dreiecksbeziehung von Vorstellungen, Verlockungen und Ängsten herumschlägt, um festzustellen, dass „Städte wie Träume aus Wünschen und Ängsten gebaut [sind], auch wenn der Faden ihrer Rede geheim ist, ihre Regeln absurd, ihre Perspektiven trügerisch sind und ein jedes Ding ein anderes verbirgt".[12] Auch wenn diese Gefühlsäußerungen auf den ersten Blick vielleicht abstrus und widersprüchlich

BIENVENUE
TAMANSOURT

Tamansourt, Präfektur Marrakesch,
Marokko (2013)

erscheinen, so formt ihr Zusammenspiel einen der am meisten verwendeten Modi operandi, um Menschen zur Teilnahme am kapitalistischen System zu bewegen, geht es doch um die Aktivierung einer der Kernkräfte expandierender Märkte: die Steigerung von Nachfrage.

Gerade Immobilienmärkte florieren besonders in einer durch Spekulationen über exzessive Wertsteigerungen geschaffenen Blase von Anhäufungen und Wiederverkäufen. Im Fall des spekulativen Städtewesens, das auf großangelegten Top-down-Projekten aufbaut, erzeugen diese Dynamiken eine beachtliche Erwartungshaltung gegenüber dem monumentalen Vermögen von Architektur. Nichts Geringeres als die Umformung einer angebotsgeleiteten Stadtentwicklung in einen Nachfragemarkt soll hier erreicht werden. In diesen Prozessen wird architektonische Ästhetik zum Mittel der Wahl, um die Belohnung von spekulativem Investment zu signalisieren – ein Leuchtfeuer, das uns den Weg weist, wie Furcht und Angst in etwas Angenehmes und Begehrenswertes umgewandelt werden können, wenngleich – wie die gescheiterten Pläne von Emirates City und Tamansourt deutlich machen – der Erfolg mehr als ungewiss ist.

Die letzten Jahre haben jedenfalls klar gezeigt, dass mit dem Phantasma des erlösenden Kapitals nicht bloß eine irreführende Werbetechnik gemeint sein kann, sondern dass dieses Phantasma das Leitprinzip von Verlustabwehr durch spekulative Ausdehnung darstellt. Die Spekulation mit Träumen – das wirtschaftliche Engagement mit dem Repräsentationsrätsel, das Calvinos Held in Städten erkennt – wird zum Fluchtweg aus den sich abzeichnenden Nöten und Zerstörungen. In diesem Sinn ist die Erfahrung der Krise weder ein unglückliches Zwischenspiel noch eine – wenn schon intrinsische, dann nur – zyklische Erscheinung der Marktwirtschaft. Vielmehr bildet sie den Kern von Architektur-Kapital. Selbst die monumentalsten Aufführungen glamouröser Anlage-Portfolios sind immer bereits darauf ausgerichtet, unterschwellige Ängste des Zerfalls zu kompensieren. Als Räume der Krise maskieren spekulative Architekturen ein ständiges Ringen um die Abwehr materieller und symbolischer Verluste.

1 Homi K. Bhabha, *Die Verortung der Kultur,* Tübingen 2000.

2 Eröffnet wurde dieser Boom mit einem Dekret von Sheikh Mohammed bin Rashid Al Maktoom im Mai 2002, das es ausländischen Investoren erlaubte, Objekteigentum in Projekten ausgewählter staatsnaher Entwicklungsgesellschaften – u. a. Emaar (Entwickler von Downtown Dubai) und Nakheel (Entwickler der Palmen-Inseln) – zu erwerben. Einen weiteren Schub brachte ein im März 2006 verabschiedetes Eigentumsgesetz, das diese Möglichkeiten auf größere, speziell gewidmete Stadtgebiete ausdehnte. Die geografische Streuung auf Investoren aus dem indischen Subkontinent und der Diaspora aus dem Nahen und Mittleren Osten hat sich auch in den Jahren nach dem großen Einbruch des Marktes wenig verändert. Siehe dazu den Bericht der offiziellen Immobilienaufsichtsbehörde der Regierung von Dubai über die Transaktionen des Jahres 2013: Dubai Land Development: „Dubai Land Department's International Real Estate Transactions Reach AED 114 Billion in 2013 with 162 Nationalities making Investments“. www.dubailand.gov.ae:8001/News/NewsDetails/310.

3 Stephen J. Ramos, *Dubai Amplified: The Engineering of a Port Geography,* Farnham 2010, S. 140.

4 Siehe die seit vielen Jahren laufenden Online-Diskussionsforen wie das Emirates City Forum (www.emirates-city.org/) sowie eine Reihe an Online-Petitionen von sich betrogen fühlenden Käufern an die Regierung von Ajman (z.B. „Ajman Real-estate Regulatory Agency (ARRA) and Ajman Government: Refund our Money“, www.change.org/p/ajman-real-estate-regulatory-agency-arra-and-ajman-government-refund-our-money-2).

5 „Ajman Freezes Freehold Visas“, *Gulf News,* 10. Oktober 2008. www.gulfnews.com/business/property/ajman-freezes-freehold-visas-1.136561. Zur Wiederankurbelung der Wirtschaft beschloss die Bundesregierung der Vereinigten Arabischen Emirate im Juni 2011 die Einführung eines neuen Visums für Immobilieninvestoren mit einer Gültigkeitsdauer von bis zu drei Jahren: „UAE Extends Property Investor Visas to 3 Years“, *Emirates 24/7* 28. Juni 2011, www.emirates247.com/news/emirates/uae-extends-property-investor-visa-to-3-years-2011-06-28-1.405045.

6 David Harvey verwendet für das Herstellen dieser neuen räumlichen Ordnungen den Begriff *spatial fix*, der geografische Ausweitung nicht nur als eine Bestrebung versteht, um kapitalistische Krisen zu lösen, sondern auch als ein Unternehmen, mit dem Kapitalflüsse ständig von einem Raum in den nächsten umgelenkt werden.

7 David Harvey, *Spaces of Global Capitalism: Towards a Theory of Uneven Geographical Development*, London 2006. Für eine aktualisierte Version von Harveys Begriff der ungleichen geografischen Entwicklung empfiehlt sich: David Harvey: *The Enigma of Capital.* London 2011, S. 156–158; und das Kapitel „Uneven Geographical Developments and the Production of Space“, in: David Harvey, *Seventeen Contradictions and the End of Capitalism,* London 2014, S. 146–163.

8 Michael Goldman hat den Begriff *speculative urbanism* in Zusammenhang mit der Fabrikation von Weltstädten in Asien geprägt. Dieser Text konzentriert sich dagegen auf den Bezug dieses Begriffs zu verschiedenen Eigenarten eines an Anlegermärkten orientierten transnationalen Stadtwesens. Vgl. Michael Goldman, „Speculative Urbanism and the Making of the Next World City“, *International Journal of Urban and Regional Research* 25, Nr. 3 (2011).

9 Siehe beispielsweise Christian Marazzi, *Capital and Affects,* Cambridge, MA 2011; Maurizio Lazzarato, *The Making of the Indebted Man,* Cambridge, MA 2012; Franco (Bifo) Berardi, *The Uprising: On Poetry and Finance,* Cambridge, MA 2012.

10 Siehe Peter Mörtenböck, Helge Mooshammer, Teddy Cruz und Fonna Forman (Hg.), *Informal Market Worlds. The Architecture of Economic Pressure,* Rotterdam 2015.

11 Syndikalismus war eine politische Bewegung in Frankreich, Italien, Spanien und einigen anderen Ländern zu Beginn des 20. Jahrhunderts, mit der die kapitalistische Ordnung zerschlagen werden sollte, um an ihrer Stelle ein Wirtschaftssystem zu errichten, in dem die in Kooperativen organisierten Arbeiter alle Produktionsstätten selbst besitzen und leiten sollten.

12 Italo Calvino, *Die unsichtbaren Städte.* Aus dem Italienischen von Heinz Riedt, München [1977] 1997, S. 52.

Gesa Witthöft

Wer plant hier? Sozialraumanalysen und Demokratie

Die Annahme, dass Partizipation per se zu einer Demokratisierung von Planungsprozessen führt, ist weit verbreitet und erfährt gegenwärtig eine neue Konjunktur. In diesem Zusammenhang werden vielfach einzelne Methoden als ‚das Mittel' für die Demokratisierung benannt. Befunde aus Partizipationsforschung und planungswissenschaftlicher Methodologie weisen hingegen darauf hin, dass dieser Zusammenhang mitnichten so eindeutig ist. Dieser Beitrag stellt entsprechend die Zuschreibung einer ‚prinzipiellen Demokratisierung' kritisch in Frage.

Wie entstehen demokratische Räume?

An der Herstellung der Stadt sind viele beteiligt; nach den aktuell im Kontext von Stadtentwicklung und -gestaltung weithin verwendeten relationalen Raumkonzeptionen, sogar ‚alle': Räume entstehen, so argumentiert Martina Löw, „in der Wechselwirkung von Handeln und Strukturen" (Löw 2001: 158) und werden im Rahmen von miteinander verwobenen Synthese- und Spacing-Prozessen konstituiert und hergestellt. „Die ‚Synthese' bezeichnet die Vorstellungs-, Wahrnehmungs- und Erinnerungsprozesse, die Ensembles von Objekten und Artefakten zu Räumen zusammenfassen. Raum machen beginnt also bereits in dem Moment, in dem eine einzelne Person sich Gedanken über den Raum macht und ihre Beobachtungen konzeptuell verknüpft" (Witthöft 2010: 76–77). Das ‚Spacing' bezeichnet das konkrete, ortsbezogene „Platzieren sozialer Güter oder Lebewesen beziehungsweise das Sich-Platzieren derselben, das Bauen, Errichten oder Vermessen, auch das Platzieren primärsymbolischer Markierungen, um Ensembles von Menschen und Gütern als solche kenntlich zu machen, das Platzieren von Informationen" (Löw 2001: 225). In unserer komplexen und arbeitsteilig strukturierten Gesellschaft wird die Herstellung der Stadt also von einer Vielzahl sozialer Gruppen, Institutionen und Einzelpersonen betrieben – ein ebenso komplexes und vielschichtiges Feld von AkteurInnen, die jeweils je unterschiedliche Interessen verfolgen respektive verfolgen müssen. Professionelle StadtgestalterInnen sind nach der eben skizzierten Fundierung nicht mehr oder weniger als eine Akteursgruppe unter vielen; denn die

Herstellung wird auch von denjenigen betrieben, die ‚einfach nur' NutzerInnen des Raumes sind und keine (formale) Rolle im Herstellungsprozess und ebenso kein explizites Verwertungs-, sondern ein ‚reines' Nutzungs- oder ‚Konsuminteresse' an Räumen haben. Planung und Raumgestaltung ist in Österreich wie auch in den meisten (west-)europäischen Nationen als möglichst kooperativ strukturierte Aufgabe zwischen der öffentlichen Hand und InteressensträgerInnen (von Stakeholdern über die Zivilgesellschaft hin zu einzelnen Individuen) definiert und wird im Rahmen von Bau- und Raumordnungsgesetzgebungen strukturiert. Auf Grund der formell demokratischen Verfasstheit dieses Systems ist dem Planungshandeln ein grundlegend demokratischer Duktus eingeschrieben: Vor allem planerisch Handelnde in Politik und Verwaltung haben die Aufgabe ‚für alle' respektive für alle Interessen zu planen und müssen dementsprechend in jeder Phase eines Projekts die jeweiligen Partikularinteressen gemäß des Gleichheitssatzes abwägen (vgl. bspw. Lendi / Hübler 2004). Mit anderen Worten ist das ‚Planen für alle' Grundlage des Selbstverständnisses der AkteurInnen dieser Handlungssphäre. Aber: „[…] Das mitverfolgte Gerechtigkeitspostulat impliziert ethische Bezüge. So ist Gleiches gleich und Ungleiches ungleich zu behandeln" (Lendi 2008: 4), und hier liegt die spannungsvolle Herausforderung, die Inwertsetzungs- und Bemessungsgrenzen von ‚Gleich' und / oder ‚Ungleich' zu fassen beziehungsweise zu definieren.

Wenn nun aber wir ‚alle' die GestalterInnen des Raumes sind und wir zudem eine demokratische Grundverfasstheit der Planungsstrukturen vorfinden und danach handeln, dann erscheinen Partizipation sowie kommunikative Planungsverfahren im Allgemeinen und differenzierte Partizipationskonzeptionen wie etwa die derzeit viel diskutierten Funktions- und Sozialraumanalysen im Speziellen als grundlegendes demokratisches Versprechen: Solange nur ‚alle' möglichst frühzeitig und sozial differenziert an Planungs- und Bauvorhaben beteiligt werden, sei – so die zumeist implizit formulierte Grundannahme in der Argumentation, die nicht zuletzt auch in Wien gegenwärtig immer wieder formuliert wird – das Ergebnis zwangsläufig auch ein demokratisches (vgl. z.B. Selle 2013; Stadt Wien MA 18 2012a).

Diese Auffassung ist meines Erachtens grundlegend zu hinterfragen, mehr noch: Es lässt sich die These formulieren, dass die planerischen Handlungsformen im Rahmen dieser Strukturierung demokratisch sein können, aber nicht sein müssen und nicht per se sind.

Demokratie durch Mitwirkung?

An partizipative Planung wird auch in den zentralen planungswissenschaftlichen Ansätzen vielfach die recht ungenaue Erwartung formuliert, dass BürgerInnenbeteiligung nicht nur die Identifikation der BewohnerInnen mit den Projekten und den Entscheidungsprozessen fördere und dass Vertrauen gebildet würde, sondern dass darüber hinaus mit Partizipation direkt Demokratie respektive demokratisches Handeln gestärkt werde. Klaus Selle, einer der gegenwärtig wesentlichsten Partizipationsforscher im deutschsprachigen Raum, weist unter Bezug auf verschiedene Quellen darauf hin, dass diese Erwartungen keine Erscheinungen der Gegenwart sind, sondern dass sie, wenn auch mit anderen Worten, ebenso ungenau schon vor gut 200 Jahren formuliert wurden (Selle 2013: 2|19); in Zeiten also, in denen von unserer Form und Verfasstheit moderner Demokratie noch nicht die Rede sein konnte.

Systematische Analysen, die diese Erwartungen ‚prinzipieller Demokratisierung' im Handlungskontext von Planung und Bauordnung bestätigen oder auch widerlegen, sind aber laut Selle äußerst selten (vgl. ebd.: 4f. | 19). Seit der Etablierung (auch formaler Elemente) der Partizipation und kommunikativer Strukturierung in den 1970er Jahren lassen sich in Bezug auf diese Erwartungen unterschiedliche Konjunkturen ablesen: Selle unterscheidet hier, dass den Erwartungen von Demokratisierungseffekten durch Partizipation in unterschiedlichen Zeiträumen weitere „prozessuale" Wirkungsdimensionen, wie die Herstellung von Rechtssicherheit und Konfliktvermeidung, sowie „inhaltliche" Wirkungsdimensionen, wie die Entwicklung alternativer Lösungen und differenziertere Informationen, zugesprochen wurden.

Partizipation hat aber nicht nur ‚positive Effekte': Sie kostet nicht nur zusätzlich „Zeit, Geld und weitere Ressourcen" (Stadt Wien MA 18 2012a: 5). Analysen konkreter Praxisbeispiele zeigen, dass die Wirkungen von Partizipation von vielen AkteurInnen zugleich auch als ineffektiv, Zeitverschwendung und als ‚Zerreden' sachlicher Inhalte wahrgenommen werden. Vielfach vertreten wird auch die Auffassung, dass Partizipation vor allem vor dem Hintergrund von Sachzwängen ‚ohnehin wirkungslos' sei, nicht zuletzt weil in nahezu allen Planungsprozessen bereits vor der öffentlichkeitswirksamen Diskussion die wesentlichen Entscheidungen getroffen würden – gänzlich undemokratisch also (vgl. u.a. Selle 2013, Witthöft 2013).

Zusammengefasst lassen die Ergebnisse der wenigen systematischen Evaluationen der demokratisierenden Effekte von Partizipation in Planungsprozessen meines Erachtens eher den Schluss zu, dass ein Mehr an professioneller und systematischer Kommunikation zu einem ‚erfolgreicheren Abschluss' des Prozesses beziehungsweise ‚besseren Ergebnissen' führt. Ob dies auch demokratisch organisiert ist oder sein muss und / oder ob dies per se die Demokratie befördert, lässt sich nicht pauschal beurteilen.

Was heißt eigentlich demokratisch?
Im engeren Wortsinn heißt Demokratie, dass Macht und Regierung, also die Vertretung der Herrschaft und die politische Ordnung, vom Volk ausgehen. Der genauere Blick in einschlägige Grundlagen wie auch in die Praktiken demokratischer Staaten offenbart jedoch höchst unterschiedliche Formen; direkte, repräsentative, partizipative, plebiszitäre, parlamentarische, mehrheits-, konkordanz- und konsensdemokratische bis hin zu scheindemokratischen Formen…

Die Strukturierung von Planungs- und Raumgestaltungsprozessen ist in unserem Handlungsraum in administrativ-politischer Hinsicht parlamentarisch demokratisiert. In Bezug auf die konkrete Umsetzungspraxis nutzen wir aber höchst unterschiedliche Formen demokratischer Legitimierungen mit- und nebeneinander (was sich mit unzähligen Beispielen belegen lässt). Vielfach bedienen wir uns dabei weitgehend unhinterfragt einem Repräsentativitätsprinzip, das aber hinterfragt werden kann und muss, wie ich mit folgenden (ich weiß: eine ist sehr plakativ) Fragen verdeutlichen

möchte: Was ist demokratisch daran, wenn ‚wir' per Mehrheitsentscheidung z.B. die Rollstuhlrampe an einem Gebäude mit wichtiger öffentlicher Funktion für nicht notwendig erachten und nicht realisieren und somit diejenigen, die auf diesen barrierefreien Zugang angewiesen sind, ‚mehrheitsdemokratisch' ausschließen? Geht es um gleiche (Zugangs)-Möglichkeiten? um Befriedung? Mitwirkung? Entscheidung? oder Legitimation?...
Schon 1969 hat Sherry R. Arnstein herausgearbeitet, dass zwischen all dem, was unter ‚Partizipation' verstanden wird, deutliche Unterschiede bestehen: Ihre bekannte „Ladder of Participation [and Non-Participation]" zeigt und begründet, dass Partizipation auf der ‚obersten Stufe' von der Delegation von Entscheidungsbefugnissen – und damit demokratischer Strukturierung im Wortsinn – bis hin zur ‚untersten Stufe' der Therapierung und Manipulation reichen kann. Arnsteins frühe wie auch gegenwärtig aktuelle Argumentation stellt also fest, dass auch im bestverfassten demokratischen Strukturierungsrahmen alles möglich ist – auch die ‚unteren Stufen' scheindemokratischer Nicht-Partizipation.

Klare Rollen, klares Handeln?

Im Rahmen ordnungspolitischen Steuerungshandelns haben die raumherstellenden AkteurInnen aus Politik und Verwaltung, die Fachpersonen und die Gesellschaft mit ihren vielfältigen Interessen je spezifische Rollen und Funktionen inne respektive übertragen bekommen. Gerade von den Professionellen unter ihnen wird idealtypisch erwartet, dass sie alle möglichen Bestände von Fach- und Sachwissen sowie die vielschichtigen Interessenslagen und Bewertungen ‚aller' kennen, verknüpfen, gemäß des Gleichheitssatzes abwägen und sich gegenseitig im Sinne der ausgehandelten Zielerreichung kontrollieren (lassen). Die Rollen sind aber, wie die nachstehende Karikatur plakativ verdeutlicht, mitnichten immer rational, klar, eindeutig oder widerspruchsfrei.

Neben der Komplexität dieser Gemengelage der Interessen und der Abwägungserfordernisse erscheinen insbesondere auch die grundlegenden Muster des fachlichen Rollenverständnisses als problematisch: Insbesondere dann, wenn die vielen AkteurInnen nicht im Sinne der eingangs skizzierten relationalen Auffassung konzipiert werden, sondern in polaren Denkmustern, nach denen die Fachleute als rationale, sachliche EntscheiderInnen auf der einen und die öffentlichen AkteurInnen ausschließlich auf der anderen Seite als stets subjektiv Betroffene gesehen werden (vgl. Witthöft 2010, darin v.a.: 84–104 und 159–227).

In diesem Fall ist m.E. eine (über ausschließlich den formalen Rahmen hinausgehende) demokratische Strukturierung eines Planungsprozesses im Sinne der obersten Stufe der Arnstein'schen Partizipation – auch bei intensivster Anwendung entsprechender Methoden – aufgrund grundlegend hierarchisierender und damit exkludierender Strukturen und asymmetrischer Ver- teilungsmuster von Wissen, Kapital und Ressourcen nur schwer möglich.

Wem die Stadt gehört. Stadtplanung und Stadtentwicklung in Hamburg 1965–1975.

Die Sozialraumanalyse als ‚Zaubermittel' für eine demokratische Planung?
Sozialraumanalysen (SRA) erfahren seit etlichen Jahren eine Renaissance (siehe z.B. Kessl et al. 2005) und werden derzeit auch in Wien als ‚Zaubermittel' für die frühzeitige Integration der Belange und Interessen der BürgerInnen und Betroffenen und damit als Instrument der Demokratisierung von Planungsprozessen bewertet (siehe z.B. Stadt Wien MA 18 2012b).

Der Ansatz erscheint bestechend: Wenn die Methodologie der SRA Anwendung findet, können wir nicht nur einen statistisch unterfütterten Einblick in die funktionale und soziale Struktur vor Ort entwickeln (also quantitativ bestimmen, wie viele Gebäude und Wohnungen es im Planungsgebiet gibt, wie viele Leute darin wohnen, wie deren Alters-, Einkommens- und Herkunftsstruktur aussieht, lokale funktionale und ökonomische Rahmenbedingungen etc.). Nein, diese Technik erlaubt mehr: Über das strukturanalytische Wissen hinausgehend können mit Hilfe der SRA schon in den vorbereitenden Planungsphasen weitere, vor allem qualitative Dimensionen des Raumes erfasst respektive aufgedeckt werden, wie Informationen über die unterschiedlichen Interessenslagen und Lebensstile auch der zukünftigen NutzerInnen, die vielfältigen Formen alltäglicher Nutzungen, über immaterielle soziale Räume und deren Bewertungen etc. Es wird also möglich, über die sogenannten planerischen ‚hard facts' hinauszugehen und differenziert zu untersuchen, wie dieser Ort im Zusammenspiel von Funktionen (= Struktur) und (vielfältigem) Handeln ‚tickt'.

Die Methodologie der SRA geht auf eine Reihe von in der Stadtforschung etablierten Denkansätzen zurück, wie die ethnomethodologischen und sinnverstehenden Ansätze der Chicago School aus den 1930er Jahren, deren humanökologische Weiterentwicklung in den 1940er und 1950er Jahren und die sozioökologischen Ansätze seit den 1970er Jahren. Ausgangspunkt für die Entwicklung dieser Analysetechniken waren vor allem die Beobachtungen und Erfahrungen deutlicher sozialer Differenzierung und zunehmender sozioökonomischer und funktionaler Komplexität der modernen Großstadt-Strukturen und -Erscheinungen, die auch heute (wieder verschärft) in unseren Städten zu finden sind. Darüberhinaus ist für die Planung und Raumgestaltung bestechend, dass sich die Konzepte explizit auf die Ubiquität des Ortes und ‚seiner' Gesellschaft, seiner Einmaligkeit, Einzigartigkeit und Dynamik bezogen haben respektive beziehen. Und dass somit unmittelbare konzeptuelle Anknüpfungspunkte für die raumbezogene Wissenschaft und ortsbezogene Gestaltungspraxis vorhanden sind (vgl. z.B. Hertzsch 2010 und die Beiträge in Kessl et al. 2005).

In dieser Differenzierung respektive Verschränkung methodischer Zugänge liegt sowohl die Stärke der SRA als auch zugleich deren Anwendungsproblematik begründet: Entgegen einer (noch) weit verbreiteten Auffassung ist eine SRA nicht eine Methode, sondern vielmehr ein methodologisch wie auch methodisch ausdifferenziertes beziehungsweise auszudifferenzierendes Setting unterschiedlicher Zugänge, Techniken und Analyseinstrumente, die es jeweils sachbezogen sinnvoll und systematisch in einen Zusammenhang zu setzen gilt. Mit anderen Worten: Dieser stets kontextgebundene analytische Zugang wird aus normativer wissenschaftlicher Perspektive ‚angreifbar', weil die Konzeption der SRA jeweils individuell ortsbezogen erarbeitet werden muss. Es ist detailliert zu begründen, was im Anwendungsfall unter welchen Voraussetzungen als sinnvoll erachtet und wie dieses und mit welchen Mitteln entsprechend analysiert wird. Erfolgt diese Kontextualisierung nicht oder ausschließlich schematisiert, dann besteht in praktischer Hinsicht die grundlegende Gefahr, dass ein eklektischer und damit potenziell manipulativer Zugang gewählt wird. Die SRA steht also zwar potenziell unter dem ‚Generalverdacht' eines unsystematischen Zugangs, ist aber eine höchst anspruchsvolle Methodologie.

Ein ‚Zaubermittel' zur Demokratisierung von Planungsprozessen sind SRA demnach nicht. Dessen ungeachtet können sie jedoch für die Entwicklung eines hochdifferenzierten, sozial sensiblen Ortsverständnisses in einem Planungsverfahren äußerst hilfreich sein, wenn sie präzise differenziert und umfassend begründet werden. Entsprechend sind die Renaissance der SRA und die Bestrebungen von Politik und Verwaltung Wiens, diese frühzeitig in Planungsverfahren zur Anwendung zu bringen, begrüßenswert. Aber anders als sie derzeit in Wien diskutiert respektive etabliert wird, lässt sich eine SRA nicht grundlegend standardisieren. Sie bedarf einer präzisen, flexiblen und eben auch explizit demokratischen Konzeptualisierung und Durchführung.

Fazit

Eine SRA ist als Planungsinstrument immer nur so ‚gut' oder ‚schlecht', wie ihre Konzeption, die Argumente und die Mittel und Ressourcen, die für diesen wichtigen Schritt des Raumverstehens und -bewertens in einem Planungsprozess bereitgestellt werden. Und sie ist immer nur so ‚gut demokratisch' oder ‚schlecht demokratisch', wie sie in die anderen Prozessschritte eingebunden wird oder werden kann. Mit anderen Worten: Eine SRA kann demokratiefördernd eingesetzt oder genutzt werden, ist aber kein Mittel per se, um demokratische Räume herzustellen oder zu gestalten. Denn wie bei jeder wissenschaftlichen Methodologie und Methode werden die Ergebnisse schon mit der Vorauswahl der zu analysierenden Dimensionen und den Entscheidungen über das, was wann, wie und überhaupt analysiert, gemessen und berücksichtigt werden soll, beeinflusst. Entsprechend ist eine SRA mitnichten ein ‚Zaubermittel' für eine Demokratisierung als solche, denn ihre Durchführung enthebt (erst recht, wenn sie einen hohen Standardisierungsgrad hat) vor allem die wirkmächtigen Beteiligten nicht der Verpflichtung, in ihrem Handeln demokratisch zu sein.

Die Frage, ob und wie weit ein Planungsprozess demokratisch ist, ist demnach weniger eine Frage der grundlegenden Strukturen, der verwendeten Methoden oder der stärkeren Einbindung der Bevölkerung, sondern vielmehr eine Frage der Konzeption von Partizipation (über die Methodenwahl hinaus) sowie der ethischen Haltung der am Prozess Beteiligten: Demokratische Prozesse müssen im sozialen Handeln (immer wieder) gewollt und hergestellt werden. Meines Erachtens wird ein Prozess dann demokratisch, wenn die Struktur eines Verfahrens an jeder Stelle eine größtmögliche Integration der Meinungs- und Bewertungsvielfalt zu dem angestrebten Vorhaben sicherstellt, und wenn die Abwägung tatsächlich zieloffen durchgeführt wird. Als Leitprinzip hierfür kann formuliert werden, nicht nur den BürgerInnen eine subjektive Haltung zuzusprechen, sondern offenzulegen, dass auch diejenigen, die sich im Rahmen einer politischen, verwalterischen und/oder fachplanerischen Rolle und Funktion mit dem Projekt befassen, ‚Betroffene' sind, die neben ihren (scheinbar klaren) Rollen, Kenntnissen und Funktionen stets auch subjektiv und interessengeleitet sind: Planung respektive ein Projekt kann demokratisch sein oder gemacht werden, wenn eine Praxis der Demokratisierung im Sinne der kollektiven Bestimmung von Handeln und Zielen in allen formell hierarchisch geordneten Ebenen gelebt wird.

Quellen

Arnstein, Sherry R. (1969), „A Ladder of Citizen participation", in: *AIP Journal*, July 1969; S. 216–224.

Dangschat, Jens S./Frey, Oliver 2005. „Stadt- und Regionalsoziologie", in: Kessl et al. (2005), S. 143–163.

Grüttner, Michael (1976). *Wem die Stadt gehört. Stadtplanung und Stadtentwicklung in Hamburg 1965–1975*, Hamburg: Association, Rückseite Cover.

Hertzsch, Wencke (2010), „Wie kann mit Planung den Integrationsherausforderungen im öffentlichen Raum begegnet werden?", in: *vhw Forum Wohnen und Stadtentwicklung*, Nr. 2, März–April 2010, S. 89–92.

Kessl, Fabian/Reutlinger, Christian/Maurer, Susanne/Frey, Oliver (Hg.) (2005), *Handbuch Sozialraum*. VS Verlag für Sozialwissenschaften: Wiesbaden.

Lendi, Martin (2008), „Ethik in der Planung". Elektr. Dok. In: *e-collection.library.ethz.ch*/eserv/eth:30894/eth-30894-01.pdf (Zugriff: 04.2015)

Lendi, Martin/Hübler, Karl-Hermann (Hg.) (2004), *Ethik in der Raumplanung. Zugänge und Reflexion* (Forschungs- und Sitzungsberichte, Bd. 221). ARL: Hannover.

Löw, Martina (2001), *Raumsoziologie*. Frankfurt/M.: Suhrkamp.

Riege, Marlo/Schubert, Herbert (2005), *Sozialraumanalyse. Grundlagen – Methoden – Praxis* (2. Aufl.). VS Verlag für Sozialwissenschaften: Wiesbaden.

dies. (2005a), „Konzeptionelle Perspektiven", in: Kessl et al. 2005, S. 247–261.

Selle, Klaus (2013), „Mitwirkung mit Wirkung? Anmerkungen zum Stand der Forschung über planungsbezogene Kommunikation und das, was von ihr bleibt", in: *pnd online 2_3|2013*. www.planung-neu-denken.de.

Stadt Wien MA 18 (2012a), *Praxisbuch Partizipation. Gemeinsam die Stadt entwickeln* (Werkstattbericht Nr. 127), Wien.

Stadt Wien MA 18 (2012b), *Raum erfassen. Überblick und Wegweiser zu Funktions- und Sozialraumanalysen für den öffentlichen Raum* (Werkstattbericht Nr. 128). Wien.

Witthöft, Gesa (2013), „Alles nur Gequassel!? – Sozialraumanalysen als Fundament einer integrierten Konzeptualisierung der nachhaltigen Siedlungserneuerung", in: Johann Bröthaler et al. (Hg.), *Jahrbuch Raumplanung 2013* (Jahrbücher des Departments Raumplanung der TU Wien, Bd. 1). Wien–Graz: nwv neuer wissenschaftlicher Verlag, S. 35–51.

Witthöft, Gesa (2010), *Konzeptualisierung des Städtischen. Gesellschaftsorientierte Stadtentwicklung im Spannungsfeld von Innenentwicklung und Planung durch Projekte*. Detmold: Rohn.

Thema_Teil 2
Instrumente der Stadtplanung

Manfred Russo

Widmungsabgaben und Erbbaurecht als Instrumente des Baulandmanagements und der Planung

Das ÖGFA-Programm der Jahre 2013 und 2014 beinhaltete einige Vorträge zum Thema Widmung, Erbbaurecht und alternative Ideen des Baulandmanagements. Es ging dabei um die Hinterfragung verschiedener Strategien eines vernünftigeren Umgangs mit Grund und Boden, die im Rahmen der besagten Instrumente ausgeübt werden können. Das bedeutet einen sparsameren und effizienteren Umgang mit der Ressource Boden und eine möglichst sinnvolle Allokation des Grundes zu vernünftigen Bedingungen. Dabei geht es um eine flächensparende Siedlungsentwicklung, um optimale Nutzung der Siedlungsstruktur, Erhaltung der naturbelassenen Gebiete oder geschützter urbaner Zonen, Verfügbarkeit von Bauland zu ‚leistbaren' Preisen, um möglichst schnelle Bebauung von freien Wohnbaulandflächen, Verbauung von Lücken zur Erhaltung von Ensembles, aber auch um eine Kompensation der Widmungsgewinne und Infrastrukturinvestitionen, die von der öffentlichen Hand ermöglicht wurden und dem Grundstückseigner zugute kommen.

Bei der Verteilung des Bodens für künftiges Bauland geht man üblicherweise vom Verkauf von Grundstücken aus, aber grundsätzlich sind auch Modelle wie die Erbbaurechtsregelung denkbar, eine Zurverfügungstellung des Bodens gegen Miete, wenngleich diese in Österreich in den letzten Jahren selten praktiziert wurde. Eine wesentliche Eigenschaft besteht darin, dass der Boden durch die langfristige Verpachtung dem Spekulationsmarkt entzogen wird und damit eine dämpfende Preiswirkung ausübt. Da Umwidmungen zu Bauland, Aufzonungen etc. auch eine erhebliche Steigerung des Grundwerts bedeuten, kommen Aspekte eines steuerlichen Äquivalenzdenkens hinzu, das einen Ausgleich für die von der Allgemeinheit für den Bodenbesitzer erbrachten Aufwertung durch Umwidmung anstrebt, in Form einer Abgabe oder einer Kompensation des Planungswerts durch Investitionen, die der Öffentlichkeit zugute kommen. Widmungsabgaben und Investitionsgebühren sind hier denkbare Instrumente zur Erzielung eines Äquivalents.

Der folgende Text ist einer Diskussion dieser Maßnahmen, der gängigen Praxis sowie der Umsetzungsprobleme und der finanziellen Möglichkeiten gewidmet.

Die Abschöpfung von Widmungsgewinnen aus der Perspektive der Steuergerechtigkeit

Boden ist bekanntlich ein knappes Gut, weil er nicht vermehrbar ist und als Voraussetzung der Wohnbautätigkeit auf die Allokation und Verteilung über den Markt angewiesen ist. Bei steigender

Eine wesentliche Eigenschaft (des Erbbaurechts) besteht darin, dass der Boden durch die langfristige Verpachtung dem Spekulationsmarkt entzogen wird und damit eine dämpfende Preiswirkung ausübt.

Nachfrage steigen dementsprechend die Preise, so in Wien zwischen 1985 und 1991 um das Doppelte, zwischen 1990 und 2000 erfolgte dann nochmal eine Verdoppelung. Steigende Bevölkerungszahlen und eine entsprechende Erhöhung des Flächenbedarfs sowohl für Wohn- als auch für Freizeitzwecke sorgen für eine ständige Erhöhung der Nachfrage, zudem bewirkten das wachsende Interesse und die Suche von Anlegern, Banken und Versicherungen nach sicherem Anlagegut, das gering besteuert ist, in den letzten Jahren eine weitere Steigerung der Preise. Nicht zuletzt ist die latente Eurokrise dafür verantwortlich, dass der Preisdruck auf Immobilien bis vor kurzem in einem Ausmaß anhielt, das schon vielfach auf eine kommende ‚Blase' zu verweisen schien. Die Kosten des Grundstücks nehmen beim Wohnbau einen immer größeren Anteil ein, können jedoch beim geförderten Wohnbau nicht in gleichem Ausmaß weitergegeben und natürlich auch nicht durch entsprechende Steigerung der Wohnbauförderung kompensiert werden. Während in den 1970er Jahren der Bodenanteil an den Wohnungskosten 12 % betrug, so liegt er heute schon bei 25 %.[1]

Da diese Entwicklung bereits seit langem anhält und keine Besserung in Aussicht ist, zugleich aber die Preissteigerung dem Wertgewinn der Baulandwidmung durch die öffentliche Hand zu verdanken ist, wurden und werden immer wieder Überlegungen angestellt, ob man nicht etwa den Widmungsgewinn durch die Planung mit einer Abgabe belegen könnte, die der Gemeinde für bestimmte Leistungen, wie etwa Investitionen in den Freiraum oder öffentliche Institutionen wie Kindergärten zur Verfügung stehen sollte. Der Tenor der Diskussion im ersten Jahrzehnt des neuen Jahrtausends in Österreich lautete daher: Der Grund ist in Österreich sehr gering versteuert, weil sich die Steuerbemessung nach dem niedrigen Einheitswert richtet und jährlich ca. 0,8 % vom Einheitswert beträgt. Die Grunderwerbsteuer liegt zumeist bei 3,5 %, weil der Großteil der Grundverkäufe von Privaten getätigt wird, die diese Regelung in Anspruch nehmen können. Nach einem Bericht der Gesellschaft für Politikberatung und Entwicklung von 2004 ergab sich, dass die Besteuerung von Grund und Boden in Österreich nicht mehr als 1,1 Mrd. jährlich beträgt, was bei einem Gesamtvermögen von nach Verkehrswert geschätzten 640 Mrd. nicht mehr als einen Gesamtertrag von 0,2 % per anno ergibt.[2]

Einer anderen Studie zufolge konnte man 2011 im *Standard* lesen: „Österreichische Grundstückseigentümer lukrieren durch die Umwidmung von land- und forstwirtschaftlich genutzten Flächen in Bauland jährlich 2,7 Mrd. Euro Gewinn. Pro Quadratmeter steigt der Wert der Grundstücke um 48 Euro, ergab eine Erhebung von Kreutzer Fischer & Partner für die Jahre 2007 bis 2011. Im Jahr 2000 hatten Umwidmungen ‚nur' zu einem Wertzuwachs von 33 Euro/m^2 geführt."[3] Diese Diskussion hatte schließlich zur Folge, dass im Jahr 2012 und erneut ab 2016 die Veräußerung von Grundstücken stärker besteuert wurde bzw. wird, um damit einen größeren Teil des Ertrags zu lukrieren.

Seit 1. April 2012 unterliegen die Einkünfte aus der Veräußerung von Grundstücken (von dieser Regelung sind nur Hauptwohnsitze ausgenommen) einem besonderen Steuersatz von 25 %. Erfolgte nach dem 31. Dezember 1987 eine Umwidmung von Grünland in Bauland, werden die absetzbaren Anschaffungskosten pauschal statt mit 86 % nur mit 40 % des Veräußerungserlöses angesetzt. Dies ist bereits eine Art versteckter bzw. nicht direkt ausgewiesener Widmungsabgabe. Daher bezahlen all jene *mit* einer nach 1987 erworbenen Umwidmung die 25 % Steuer von 60 % des Gewinnes, jene anderen *ohne*

Umwidmung in diesem Zeitraum nur 14 % des Gewinnes. (siehe Anhang)[4] Ab 2016 wird diese Steuer erneut auf 30 % angehoben und die unentgeltliche Übertragung von Grundstücken im Familienverband, etwa durch Schenkung wird nun vom Verkehrswert und nicht mehr vom Einheitswert berechnet.[5] Damit ist allerdings die Frage nach dem Widmungsgewinn noch nicht vollständig beantwortet, denn obwohl – wie die Entwicklung der Steuergesetze zeigt – die fiskalische Belastung kontinuierlich beim Verkauf zunimmt, ist die Frage der genuinen Wertschöpfung durch Umwidmung und des möglichen Gewinns noch nicht restlos geklärt; die Initiativen zu einer zusätzlichen Besteuerung gingen weiter:

Der Wiener Stadtrat Ludwig hatte bereits im 29. Jänner 2012 in einer Stellungnahme gefordert, dass die Widmungsgewinne besteuert werden, und hatte damit teilweise das Gesetz zur Besteuerung von Grundstücksveräußerungen antizipiert. Die damalige Kalkulation ergab Widmungsgewinne in Wien von durchschnittlich 80 Mio. Euro im Jahr, was bei einem Steuersatz von 25 % 20 Mio. Einnahmen für die Gemeinde bedeuten würde. Nach Abzug von 6 % Verwaltungskosten blieben noch immer 18,8 Mio. Euro übrig. Diese sollten für den Bereich Stadtentwicklung und vor allem den öffentlichen Wohnbau zweckgebunden werden.[6]

Diese Regelung wurde nicht eingeführt, nicht zuletzt wegen der möglicherweise zu optimistisch eingeschätzten Ertragslage. Anstelle der ursprünglich geplanten Abgabe wurden am 30. Juni 2014 andere, praktikablere Maßnahmen beschlossen[7], z. B. die Einführung der Widmungskategorie „förderbarer Wohnbau" in der Wiener Bauordnung, die den steigenden Grundstückskosten entgegenwirken sollte. In diesem Widmungsgebiet dürfen nur Bauten errichtet werden, die die bautechnischen Spezifikationen in Anlehnung an die Wohnbauförderung erfüllen – etwa: Wärmeschutz und Nutzflächenbeschränkung pro Wohneinheit. Eine weitere Maßnahme betrifft die zeitlich befristete Widmung, die in besonderen Fällen vorgenommen werden kann, um Grundstücksspekulation Einhalt zu gebieten. Auch wurde in der Wiener Bauordnung eine rechtliche Grundlage geschaffen, um in Zukunft privatrechtliche Verträge mit den GrundeigentümerInnen abzuschließen. In diesen Verträgen sollen gegenseitige Verpflichtungen zur Schaffung von Infrastruktur transparent festgelegt werden. Das bedeutet einen größeren Spielraum bei der Umwidmung und der vertraglichen Sicherung von Kompensationsleistungen. Damit ist auch ein Rahmen gegeben, der Umwidmungen flexibler gestalten lässt und bei Grundstücksverkäufen eine Mischung aus „förderbarem Wohnbau" und qualitativ besser verwertbaren Widmungen zulässt, um die GrundeigentümerInnen zum Verkauf zu motivieren. Dass man auf die ursprünglich geplante explizite Widmungsabgabe verzichtet hat, wird verständlich, wenn man im Folgenden einen kurzen Blick auf die Schwierigkeiten wirft, die sich bei einer Einhebung der Widmungsabgabe ergeben.

Probleme der Bewertung des Widmungsgewinns

Die grundsätzliche Notwendigkeit oder Berechtigung eines Planwertausgleichs zwischen den Eigentümern und der Allgemeinheit wird wenig bestritten, weil die getätigten Infrastrukturmaßnahmen der öffentlichen Hand erst zur Wertsteigerung beigetragen haben und die öffentlichen Institutionen für künftige Finanzierungen entsprechend finanziell ausgestattet sein sollten. Außerdem

Außerdem hätte eine Abgabe den Vorteil der Eindämmung von Spekulation und Bodenhortung und könnte damit die Funktionsfähigkeit des Bodenmarktes gewährleisten.

> hätte eine Abgabe den Vorteil der Eindämmung von Spekulation und Bodenhortung und könnte damit die Funktionsfähigkeit des Bodenmarktes gewährleisten. Denn eine Dämpfung der Erwartungen für starke künftige Wertsteigerungen und Gewinne aufgrund der Abgabe würden die Spekulationsbereitschaft schwächen und zu erschwinglichen Preisen führen.[8]

Die Probleme ergeben sich erst bei der Frage der konkreten Umsetzung und Gestaltung dieser Abgabe. Eine grundsätzliche Frage ergibt sich schon darin, ob man nur Bauklassenverbesserungen, Umwidmungen oder Aufzonungen für den Planungswertgewinn heranzieht oder auch die Infrastrukturverbesserungen, wie etwa den U-Bahnbau berücksichtigt. Weiters müsste man eine Unterscheidung hinsichtlich einer räumlichen Differenzierung treffen, nach Regionen oder dem Gesamtgebiet. Regionen wären deshalb besser, weil Wertsteigerungen zumeist in Schwerpunktarealen auftreten und man daher auf diese Weise eine höhere Treffsicherheit erzielt. Neben der räumlichen Frage kommt es auch zur zeitlichen Bestimmung, indem man eine zumindest zweimalige Werterfassung organisieren muss, vor und nach dem Planungsprozess, wobei bereits das Wissen um eine mögliche Planung den Preis steigern kann. Der Aufwand für eine derartige Bewertung wäre groß und müsste eine kontinuierliche Beobachtung beinhalten, um etwaige Verzerrungen in der Bewertung zu vermeiden. Ein weiteres, großes Problem stellt jedoch die mögliche Ungenauigkeit dar, die sich daraus ergibt, dass man gewisse Wertentwicklungen, die sich durch eine langjährige Stadterweiterung und Sanierung ergeben, nicht genau vorhersehen kann. Der Grundstückseigner hätte dann die Abgabe zum Zeitpunkt x entrichtet, aber später vielleicht eine erheblich größere Steigerung erzielt, die man mittels Neubemessung abschöpfen müsste. Der Verwaltungsaufwand wäre bei solchen Verfahren enorm. Dazu kommt, dass Wertsteigerungen nicht nur aufgrund von staatlichen Infrastrukturverbesserungen, sondern auch durch private Maßnahmen erfolgen können. So könnte die Ansiedlung von privaten Ankerbetrieben oder Geschäften die Attraktivität des Raumes erhöhen und damit den Wert der Umgebung verbessern. Eine Bereinigung solcher Wertberechnungen von allen nichtstaatlichen Einflussgrößen wäre im Sinne des Äquivalenzprinzips ein nahezu unmögliches Unterfangen und von Beginn an der Möglichkeit starker juristischer Anfechtung ausgesetzt.[9]

Außerdem muss man hinzufügen, dass eine neue Steuer auch immer in Bezug zur Gesamtbelastung des Landes zu sehen ist. Österreich ist in dieser Hinsicht innerhalb der EU immer in den vorderen Bereichen, die Belastung der Arbeit liegt etwa bei 41,8 % (Platz 3 in EU), auch bei den Körperschaftssteuern liegt man mit 25 % über dem Durchschnitt von 23,5 %, bei den Einkommenssteuern mit einem Eingangssteuersatz von 36,5 % ebenfalls sehr weit vorne. Aus dieser Perspektive dürfte eine Einführung in Österreich nur in bestimmten regionalen Fällen durchsetzbar sein. Die Schwierigkeit besteht zudem in der juridischen Konstruktion einer Abgabe, die Steuergerechtigkeit zu gewährleisten vermag. Dennoch wäre insbesondere in jenen Fällen von großen Widmungsgewinnen eine intelligentere Form als die bisherigen Public-Private Partnerschaften zu überlegen, die sich zumeist in der finanziellen Aufteilung der Kosten und Gewinne durch intransparente Verhältnisse auszeichnen.

Widmungsgewinne im Rahmen der Raumordnung

Stellt man die Frage der Widmungsgewinne in den Kontext der Raumordnung, sind die Logik der übergeordneten Ebene der Raumordnung und die Ziele einer entsprechenden Raumgestaltung zu berücksichtigen. Rein fiskalische Interessen haben hier wenig zu suchen, weil eine ausschließliche Konzentration darauf neue, möglicherweise unerwünschte Effekte hervorrufen könnte. Aus der Perspektive der Raumplanung stellt sich diese Frage in Zusammenhang mit der Baulandmobilisierung. Erst die Gesamtbetrachtung von Baulandmobilisierung und Raumordnung lässt den Sinn einer Strategie von Widmungen erkennen. Auf Basis dieses Sachverhalts lässt sich die Problematik der Widmungsgewinne besser beurteilen. Für die Raumordnung, in deren Rahmen die Frage der Widmungsgewinne einzuordnen ist, gilt: Primär ist die optimale Steuerung der Planung, Fragen der Widmungsgewinne sind sekundär.

a. Instrumente der Gemeinde in Zusammenhang mit Widmungsgewinnen

Widmungen sind aus der Perspektive der Raumplanung ein Steuerungsinstrument zur sinnvoll organisierten Bebauung ausgewiesener Flächen. Die Widmung erhöht zwar den Wert des Grundstücks, löst damit keineswegs automatisch den Verkauf an Bauwillige oder eine Bebauung des Eigners aus. In zahlreichen Fällen wird das Bauland zu teuer angeboten, weil die Eigentümer aus verschiedensten Gründen weder bauen noch verkaufen wollen und daraus, auch unbeabsichtigt, ein Effekt der Hortung von Bauland entsteht. Hier wird offenbar der Widmungsgewinn aus verschiedensten Gründen nicht realisiert, nicht nur wegen Spekulationsabsichten, sondern auch aus Gründen der Erhaltung des Grundstücks im Familienverband oder als Reserve für Notzeiten. Welche Instrumente stehen der Gemeinde zu einer Realisierung der hinter der Widmung stehenden Zwecke zur Verfügung?[10]

b. Rückwidmung

Wenn das Grundstück nicht innerhalb der gesetzten Frist bebaut wird, kann die Baulandwidmung zu einer Grünlandwidmung rückgewidmet werden. Zweifellos handelt es sich dabei um einen massiven Eingriff in das Privateigentum durch den Wertverlust, zudem ist eine Rückwidmung auch unter raumordnerischen Gesichtspunkten nicht anzustreben, weil dadurch die Zersiedelung befördert wird und die Gunstlage unbebaut bleibt. Daher wird diese Praxis kaum angewandt, zumal auch erhebliche rechtliche Probleme hinsichtlich des Eigentums zu erwarten sind. Der Eigentümer muss für den Wertverlust entschädigt werden und deshalb ist diese Strategie aus Kostengründen den Gemeinden kaum zu empfehlen. In der Schweiz werden derzeit die durch Widmungsabgaben eingenommenen Gelder zur Abgeltung von Rückwidmungen im Sinne einer verbesserten Raumordnung im ländlichen Bereich verwendet.

c. Infrastrukturabgabe – Erschließungsbeiträge

Die Gemeinde zählt zu den Gebietskörperschaften mit dem größten Beitrag zur ‚Bodenproduktion'. Gemeinden sind auch zur Bereitstellung von Infrastruktur beauftragt. Durch die Beteiligung der Gemeinde an den Aufschließungskosten erwartet sie sich einen Anreiz zur widmungskonformen Nutzung, da die angesprochenen Einrichtungen einzelne Nutzungen überhaupt erst ermöglichen. Im niederösterreichischen Raumordnungsgesetz wird der Gemeinderat ermächtigt, für Grundstücke, die keine Bauplätze sind, aber die Voraussetzungen dafür erfüllen, eine Aufschließungsstraße zu errichten und Vorauszahlung auf die Aufschließungsabgabe auszuschreiben. Die mobilisierende Wirkung der Infrastrukturabgabe entsteht durch die Entlastung der Gemeinde bei den Aufschließungskosten. Hier sind naturgemäß große Differenzen zwischen ländlichen und urbanen Räumen zu vermerken. Die Kosten einer Aufschließungstraße in NÖ sind einfacher zu beziffern, als die Verbesserung der Infrastruktur in Wien. Dennoch wären die großen Widmungsgewinne in Wien rechtlich am ehesten über das Vehikel einer Infrastrukturabgabe zu bewerkstelligen, weil sie eine bessere juridische Deckung hätte als eine spezielle Widmungssteuer auf Eigentum, mit der ein Sachverhalt einer Doppelbesteuerung von Eigentum gegeben wäre. Eine Abgabe zur Infrastrukturerrichtung ist rechtlich besser zu verantworten, da sie die heikle Eigentumsfrage nicht berührt. Grundsätzlich gilt aber auch: Die Erschließung mit Infrastruktureinrichtungen steigert den Wert des Grundstücks und stellt daher ein großes Risiko zur Baulandhortung dar. Die Infrastrukturabgabe sollte deshalb immer in Verbindung mit einer Baulandbefristung vorgenommen werden.

d. Bodenwertzuwachssteuer

Diese Art der Besteuerung ist nicht unbedingt als Instrument der Baulandmobilisierung anzusehen, jedoch würde sie durch die finanzielle Unterstützung der Gemeinde zur aktiven Bodenpolitik beitragen. Ein indirektes Mittel zur Baulandmobilisierung wäre die Besteuerung des Bodenwertes bei einer Umwidmung von Grünland in Bauland. Da bekanntlich Bauland wertvoller als Grünland ist, wäre eine Wertsteigerung für den Grundstückseigentümer auf jeden Fall positiv. Jedoch gäbe es die Möglichkeit, diese Wertsteigerung von Seiten der Gemeinde zu besteuern und den daraus resultierenden Betrag einem von der Gemeinde gegründeten Baulandfonds zugutekommen zu lassen. (Bodenwertabgabe nach Bodenwertsteuergesetz 1960 BGBI Nr. 285/1960)[11]

e. Planungswertausgleich

„Die rechtlichen Grundlagen für die Beteiligung der Gemeinden an allfälligen Wertsteigerungen durch Umwidmungen sind im

Die Gefahr der Widmungsabgabe besteht in der Möglichkeit eines Missbrauchs im Sinne eines massiven Verkaufs von Bauplätzen oder entsprechenden Aufzonungen zum Zwecke der Budgetsanierung.

österreichischen Raumordnungsrecht freilich nur schwach ausgeprägt. Auch wenn für Planungsbehörden ein Planwertausgleich – die Investoren beteiligen die öffentliche Hand an den Widmungsgewinnen insofern, als sie beispielsweise die Errichtung von Kindergärten oder Schulen freiwillig übernehmen – von großem Interesse ist, sind die raumordnungsrechtlichen Rahmenbedingungen für Planwertausgleiche erst zu schaffen. Die rechtlichen Grenzen für die Abschöpfung von Widmungsgewinnen sind jedenfalls durch verfassungsrechtliche Grundsätze bestimmt, wobei – vor allem in praktischen Anwendungsfällen – „die Gefahr des Rechtsmissbrauchs und eines Verkaufs von Baulandwidmungen" besteht. Es ergibt sich demzufolge ein Spannungsfeld zwischen „Ausverkauf von Hoheitsrechten und öffentlichen Interessen" einerseits und einer „fairen Beteiligung der öffentlichen Hand an der erheblichen Wertsteigerung" andererseits, das es „durch rechtskonforme, nachvollziehbare und transparente Ausgleichmodelle aufzulösen gilt".[12] Die Gefahr der Widmungsabgabe besteht in der Möglichkeit eines Missbrauchs im Sinne eines massiven Verkaufs von Bauplätzen oder entsprechenden Aufzonungen zum Zwecke der Budgetsanierung. Damit würde den Prinzipien der Raumordnung widersprochen werden. Grundsätzlich wäre dieses Instrument aber im Falle großer Widmungsgewinne durchaus zu überlegen, sofern die verfassungsrechtlichen Grundsätze hinsichtlich der Eigentumsfragen geklärt werden können.

Die Widmungsabgabe in der Schweiz

Anlässlich eines Vortrags in der ÖGFA erklärte Fritz Schumacher, Kantonsbaumeister von Basel Stadt von 1994 bis 2015 zur Einführung der Widmungsabgabe in seinem Kanton, zu der er nach dem Bundesgesetz berechtigt war: „Es war eine freiwillige Formulierung. Die Kantone *dürfen* planungsbedingte Mehrwerte abschöpfen. Es waren dann der linke Kanton Basel Stadt und das linke Freiburg, die als einzige unserer 25 Kantone sich getraut haben, dieses heikle Thema Grundeigentum – Rechte des Grundeigentümers – mit einer Mehrwertabgabe zu beschneiden." Nach seinen Angaben wurde der zu erwartende Gewinn mittels Ertragsrechnung einfach halbiert und als Abgabe eingehoben, die einem speziellen Fonds zugeführt wird, der folgende Widmung aufweist: „Die auf Grundstücke in der Stadt Basel entfallenden Abgaben sind für die Schaffung neuer oder für die Aufwertung bestehender öffentlicher Grünräume wie Parkanlagen, Stadtwälder, Alleen und Promenaden zu verwenden." Die Bürger stimmen aber über große Bauvorhaben und Umwidmungen ab und es kann auch zu Ablehnungen der Projekte kommen.

2013 beschlossen die Schweizer auch eine Widmungsabgabe bei der Umwandlung von Agrar- in Bauland von 20 %, allerdings mit dem Auftrag, die Gelder für Entschädigungszahlungen bei jenen zahlreichen Rückwidmungen zu verwenden, die unternommen werden, um die mangelhafte Raumstruktur zu verbessern.[13] Zum besseren Verständnis dieser Abgabe sei ein Vergleich

Österreich–Schweiz 2013 hinsichtlich der Abgabequoten angeführt. Die großen Differenzen in der Besteuerung (in %) lassen erkennen, dass in der Schweiz das Potenzial für eine zusätzliche Steuer sehr viel höher als in Österreich ist. Die Steuerquote der Schweiz liegt bei 20,4, die Abgabenquote bei 27,1, in Österreich bei 27,9 bzw. 42,5. Bei den Körperschaftssteuern liegt die steuerliche Belastung in der Schweiz nur bei 8,5, in Österreich bei 25. Man kann sich daher eine Widmungsabgabe in der Schweiz, wie sie im Kanton Basel eingeführt wurde, viel besser vorstellen als in Österreich, zumal sie bei Großprojekten dort nur punktuell und nach Volksabstimmungen eingehoben wird. Auch die 20%ige Abgabe bei Umwidmungen des Agrarlandes ist in der Schweiz besser zu verdauen'.[14]

Erbbaurecht

Beim Erbbaurecht verbleibt der Boden im Eigentum des Besitzers und es gilt das Recht, gegen Zahlung eines regelmäßigen Erbbauzinses auf oder unter der Oberfläche eines Grundstücks ein Gebäude zu errichten oder zu unterhalten. Bodenbesitz und Bebauungsrechte werden dabei getrennt.[15]

Das Erbbaurecht ist also ein beschränkt dingliches Recht an einem fremden Grundstück und zugleich ein grundstücksgleiches Recht, das grundsätzlich wie ein Grundstück behandelt wird. Der Grundstückseigentümer verliert somit den Besitz (nicht das Eigentum) des belasteten Grundstücks sowie alle Nutzungen. Daher wird das Erbbaurecht in den meisten Fällen nur auf Zeit begründet, zumeist zwischen 75–150 Jahre. Denn sein Bestehen auf unbestimmte Zeit würde praktisch eine Entwertung des Eigentums bedeuten.

Auch heute vergeben Städte und Gemeinden in Deutschland und anderen europäischen Ländern, in Österreich selten, Erbbaurechte an Wohnbaugenossenschaften bzw. Wohnbauunternehmen sowie an Privatinvestoren, damit Wohnraum geschaffen werden kann, ohne dass das Wohnbauunternehmen das Grundstück selbst erwerben muss. Es handelt sich dabei um eine Sonderform des Eigentums, die den Eigentumsbegriff durchbricht. Der Erbpächter wird auch im Grundbuch eingetragen.

Erbbauzins ist entscheidendes Kriterium

Der Erbbauzins ist die Gegenleistung für das Erbbaurecht und stellt das regelmäßig zu entrichtende Entgelt, das der Erbbauberechtigte an den Grundstückseigentümer zu entrichten hat, dar. Der Erbbaurechtszinssatz ist die Entschädigung für die Nutzung von Grund und Boden des Eigentümers und wird durch eine Anpassungsklausel, die rechtlich geregelt ist (Wertsicherungsklausel), abgesichert.[16] Die Höhe des Erbbaurechts richtet sich nach der Immobilienart als auch nach dessen Nutzung. Zumeist wird das Erbbaurecht von staatlichen Institutionen oder etwa der Kirche vergeben, weil sie damit das Eigentum mit einer Rendite, die nicht auf hohe Gewinne aus ist, sichern. Andrerseits ist die Erfahrung der vergangenen Jahrzehnte sehr oft, dass sich die alten Erbbaurechtverträge im Vergleich zur Entwicklung der realen Grundpreise für den Eigentümer nicht einmal ansatzweise rechnen (siehe auch das Beispiel der Gemeinde Wien). Will man aber private Eigentümer zu einem Erbbaurechtvertrag motivieren, so muss man realistische Konditionen anbieten. Im Folgenden ein Beispiel aus Deutschland:

Typische Erbbauzinssätze[17]

Nutzung des Erbbaurechtsgrundstücks	Erbbaurechtszinssatz (Mittelwert) (in %)	Spanne (in %)
Ein- und Zweifamilienhausgrundstücke	2,50	2,00 – 3,00
Mehrfamilienhausgrundstücke	3,50	3,00 – 4,00
Gemischt genutzte Grundstücke	5,00	4,50 – 5,50
Gewerblich genutzte Grundstücke	6,00	5,50 – 6,50
Büro- und Geschäftshausgrundstücke	6,50	6,00 – 7,00

Quelle
Kleiber, Simon:
Verkehrswertermittlung von Grundstücken
Köln 2007, Bundesanzeiger Verlag, S. 2613

Die Indizes, mit denen der Erbbauzins angepasst wird, entsprechen ihrer Höhe nach nicht der Entwicklung der Grundpreise. Im Falle von Bodenknappheit oder besonderen Infrastrukturinvestitionen steigt der Wert des Grundes schneller und es erhöht sich die Spanne zwischen der ortsüblichen Bodenwertverzinsung und dem aufgrund von Wertsicherungsklauseln zulässigen Erbbauzins. In diesem Falle liegt der Vorteil beim Erbbauberechtigten, weil sein Zins unter dem aktuellen Marktwert des Grundes liegt, bei einem Sinken der Grundpreise verhält es sich umgekehrt. Grundsätzlich werden die Verträge immer zu aktuellen Zinswerten abgeschlossen, die zukünftige Entwicklung ist naturgemäß unabsehbar.
Der Vertrag mit dem Erbpächter kann bei schweren Verstößen wie Nichtbezahlung des Zinses oder grobe Vernachlässigung gekündigt werden. Grundstücke mit einer Erbbauberechtigung können auch verkauft werden, ohne Beeinträchtigung des Erbbaurechtes.
Das bedeutet auch für den Verpächter des Bodens, dass ihm eine grundsätzliche Dispositionsfähigkeit im Umgang mit seinem Eigentum bleibt, auch wenn es langfristig verpachtet ist. Bei der Wertermittlung muss das Erbbaurecht selbst und das Erbbaurechtgrundstück als jeweils selbstständiger Bewertungsgegenstand betrachtet werden. Dabei kommt es auf folgende Vertragsbestandteile an: Die Höhe des erzielbaren und vereinbarten Erbbau-

rechtszinssatzes und seiner Anpassungsmöglichkeiten, die Restlaufzeit des Erbbaurechtvertrages und schließlich die bei Zeitablauf zu zahlende Entschädigung, die für die Erstellung des Gebäudes fällig wird, und sonstige den Wert beeinflussende Umstände.

Bayerisch-österreichische Modelle

In der bayerischen Gemeinde Weyarn, rund 40 Kilometer südlich von München, kosten nach Aussage von Bürgermeister Michael Pelzer die Grundstücke bis zu 400 Euro pro Quadratmeter. Damit sind sie für Einheimische kaum noch leistbar, insbesondere für Jungfamilien. Die Gemeinde bietet nun Grundstücke mit dem monatlichen Pachtzins von rund 20 Cent pro Quadratmeter an, was in Summe 100 Euro für 500 Quadratmeter Grund ergibt. Die Gemeinde erwirbt die Grundstücke, indem sie Bauern und Großgrundbesitzern billige Landwirtschaftsflächen abkauft. Für jeden an die Gemeinde verkauften Quadratmeter wird ein halber Quadratmeter Baulandwidmung mit erworben. Sobald sich ein Feldbesitzer entscheidet, der Gemeinde 1000 Quadratmeter Grund zu verkaufen, werden 500 Quadratmeter seiner Landwirtschaftsfläche wertsteigernd in Bauland umgewidmet. Gleichzeitig kann die Gemeinde auf diese Weise die Siedlungspolitik maßgeblich beeinflussen, weil sie nun Baulandvorrat für die nächsten 20 Jahre besitzt.

Der erste Ort, in dem das in Deutschland entwickelte Pachtmodell in Österreich zur Anwendung kommen könnte, ist die mit dem Baukulturpreis ausgezeichnete Gemeinde Zwischenwasser in Vorarlberg. Das Projekt befindet sich in Ausarbeitung und einige Interessenten haben sich bereits gemeldet. Eine Schwierigkeit nach Aussage des Altbürgermeisters der Vorarlberger Gemeinde Josef Mathis bereitet das Bankengesetz, das zinsbringende Kapitalveranlagung für Privatleute nicht erlaubt. Eine mögliche Lösung dieses Problems ist die Gründung einer Genossenschaft, die eine Erlaubnis zur Veranlagung des Kapitals erwerben kann.[18]

Zur Wiener Situation – Vergangenheit und Gegenwart

Derzeit errichtet etwa die Gemeinnützige allgemeine Bau-, Wohn- und Siedlungsgenossenschaft (BWSG) in der Kaisermühlenstraße (Wien-Donaustadt) 264 geförderte Wohnungen auf einem Baurechtsareal der ÖBB. Zu einem Baukostenanteil von 206 Euro/m² kommen ‚vorab für den Grund' 43 Euro/m² als Baurechts-Nebenkosten (Vertragserrichtung und Zwischenfinanzierung bis zur Übergabe der Anlage). Der valorisierte Baurechtszins startet bei ca. monatlich 0,85 Euro/m². „Daraus resultiert doch eine merkliche Entlastung der Mieter, da ansonsten bei Vertragsabschluss rd. 300 Euro/m² für die Grundkosten fällig wären", streicht Ing. Robert Pfeffer, Marketing-Chef der BWSG, hervor.[19]

Die Problematik mancher Erbbaurechtverträge wird an einem anderen Wiener Beispiel manifest. Zur Steuerung und Zivilisierung der ursprünglich wilden Siedlerbewegung in den Jahren nach dem Ersten Weltkrieg wurden genossenschaftliche Organisationsformen gefördert und im Sinne der Gartenstadt-Idee stellte die Stadt Wien die Grundstücke im Baurecht zur Verfügung. Zur Lösung der ‚Finanzierungfrage' gab es je 45 % der Baukosten von der Gemeinde Wien und dem Bundes-Wohn- und Siedlungsfonds. Die restlichen 10 % konnte jeder Siedler auch durch Eigenleistung in Form von Arbeitsstunden – am Rosenhügel z.B. 2000 – aufbringen. Mehr als 7000 Siedlungshäuser sind auf diese Art in den Wiener Randbezirken bis 1934 entstanden. Diese Sache hat aber 2012 ein denkwürdiges Nachspiel.[20]

Für die im Eigentum der Genossenschaften Altmannsdorf und Hetzendorf, Siedlungsunion, Gartensiedlung und Süd-Ost stehenden Grundstücke liefen die vor siebzig oder achtzig Jahren abgeschlossenen, teilweise in der Zwischenzeit verlängerten Baurechtverträge mit Ende 2012 aus und eine Neubewertung stand bevor. Bisher zahlten die Mieter im Durchschnitt monatlich 0,9 Cent/m² Grundstücksfläche bei einer Gesamtbelastung von ca. 264 Euro für ein Siedlungshaus mit 80 Quadratmetern. Der außerordentlich günstige Baurechtzins stammte aus einer Zeit, als diese Grundstücke als Ungunstlagen bezeichnet wurden, mittlerweile aber zu den bevorzugten Wohngegenden von Wien zählen. Die Neuberechnung aufgrund von Verkehrswertgutachten (90 % davon) ergab einen Baurechtszins von 8,38 Euro pro Jahr und Quadratmeter Grundfläche, was einer Erhöhung auf 70 Cent/m² gleichkam und einem Erbrechtszins auf realer Grundlage des Grundwertes entsprach. Nachdem die Mieter bisher praktisch nur einen symbolischen Zins bezahlt hatten, kam die Anhebung auf den realen Wert einer unerfreulichen Überraschung gleich, die auch massiv und letztlich erfolgreich mit dem Argument der exorbitanten Steigerung bekämpft wurde. Man einigte sich schließlich auf einen reduzierten Baurechtszins von 2,8 Euro pro Jahr und Quadratmeter für ‚Altnutzer', was etwa einem knappen Drittel des Realwerts entspricht. Damit ergaben sich für das siedlungstypische Normhaus mit 80 Quadratmetern + Garten monatliche Wohnkosten von insgesamt 347 Euro statt früher 264 Euro, ein im Vergleich zu den Marktwerten immer noch extrem günstiges Angebot. Was vor Jahrzehnten als sinnvolle soziale Maßnahme gedacht war, wurde nun zu einer Förderung von Mittelschichten, die mit Sicherheit keiner sozialen Unterstützung bedürfen.

Dieses Beispiel zeigt, dass es für die Gemeinde als Grundeigner schwierig ist, insbesondere im Falle der Vertragsverlängerung auch nur annähernd reale Erbrechtszinsen verrechnen zu können und dass die Wahrscheinlichkeit einer Gewährung dieses Rechts für sozial Schwächere gering ist.

Statistik: GBV und Baurechte

Anzahl der Wohnungen (Siedlungshäuser) auf Baurechtsgründen:
111.179, d.s. 13,5% aller GBV-Wohnungen, bei den Mietwohnungen beträgt der Anteil 18,3%
Verteilung auf Bundesländer (in %):
B (1,6), K (7,3), N (8,1), O (7,0), S (12,4), St (6,3) T (2,5), V (0,5), W (54,3).

Baurechtgeber (Wohnungen absolut):
Gemeinden (75.784), Gebietskörperschaften (6.484), Kirchen (4.008), Banken (341), Jurist. Personen (15.623), Privatpersonen (4.001), Sonstige (4.938).

Erstbezug von 104.992 Wohnungen auf Baurechtsgründen (Anzahl d. Wohnungen):
Vor 1945: 5.318
1945 – 1970: 31.899
1971 – 1990: 26.287
1991 – 2010: 36.160
2011: 5.328

Ende des Baurechts (Anzahl d. Wohnungen):
jeweils bis Ende
2015: 4.393
2020: 338
2025: 1.046
2030: 1.180
ab 2030: 98.035

1 www.derstandard.at/1317019815089/Bauland-Grundstuecksumwidmung-bringt-jaehrlich-27-Milliarden-Euro-Gewinn

2 Julia Lechner: „Planungswertausgleich – Aspekte einer Bodenwertabschöpfung“, in: *Kurswechsel* 3/2006, S. 3; www.Kurswechsel.at

3 s. Anm. 1

4 www.bmf.gv.at/steuern/immobilien-grundstuecke/-private-grundstuecksveraeusserungen.html#Steuerpflicht_bei_der_Veräußerung_privater_Grundstücke_ab dem_1_April_2012
Dieser fixe Steuersatz ist damit genau so hoch wie jener der Kapitalertragsteuer, sodass für den Bereich der Vermögensverwaltung nunmehr weitgehend einheitliche Steuerbelastungen gegeben sind. Bei Grundstücken, die nach dem 1.4.2012 erworben wurden, gelten 25 %, bei Grundstücken, die vorher erworben wurden, gibt es eine differenzierte Regelung.
Erfolgte nach dem 31. Dezember 1987 – und nach dem letzten entgeltlichen Erwerb – eine Änderung der Widmung von Grünland in Bauland, werden die Anschaffungskosten pauschal statt mit 86 % nur mit 40 % des Veräußerungserlöses angesetzt. Dadurch soll eine mit der Umwidmung verbundene Wertsteigerung pauschal miterfasst werden. Dies wurde in der öffentlichen Diskussion häufig als „Umwidmungssteuer“ bezeichnet, was allerdings insoweit missverständlich ist, weil die Umwidmung selbst noch keine Besteuerung auslöst, sondern erst ein nachfolgender Verkauf des umgewidmeten Grundstücks. Der zu versteuernde Veräußerungsgewinn beträgt damit 60 % des Erlöses. Dieser ist mit dem besonderen Steuersatz iHv 25 % zu versteuern. Effektiv heißt das, dass die Steuerbelastung 15 % vom Veräußerungserlös beträgt.

5 www.usp.gv.at/Portal.Node/usp/public/content/home/thema_des_monats/steuerreform/171828.html
Bei den ersten 250.000 sind es 0,5 %, bei den nächsten 150.000 sind es 2 % und darüber hinaus 3,5 %, was ebenfalls eine deutliche Steigerung bedeutet.

6 ww.kurier.at/chronik/wien/wien-denkt-umwidmungs-abgabe-an/756.343.

7 www.wien.gv.at/bauen-wohnen/bauordnungsnovelle.

8 Ludwig Fröhler, Peter Oberndorfer, Bruno Binder: „Der Planwertausgleich als Instrument der Bodenordnung“, in: Institut für Kommunalwissenschaften und Umweltschutz (Hg.): *Kommunale Forschung und Umweltschutz*. Linz 1977.

9 Zur Thematik siehe auch: Lechner (Anm. 2).

10 Die Beschreibung der Instrumente orientiert sich an folgenden Texten: Arthur Kanonier: *Möglichkeiten und Grenzen der Baulandmobilisierung im Raumordnungsrecht*. gbv Enquete 10.11.2014 TU Wien
Arthur Kanonier: *Juristische Detailanalyse – Baulandmobilisierung*. Skriptum WS, SS 2011/12 LV: 265 059. Örtliches Planungsrecht, TU Wien, basierend auf „Baulandmobilisierung“ (Autoren: Elend, El Snadidy, Hornyk, Ledzinsky, Stromer; Betreuer: Kanonier), Bericht zum Thema, Örtliches Planungsrecht, Bad Vöslau, TU Wien 2006/2007.

11 Christoph Schremser: *Zukunftsaufgabe Bodenmobilisierung*. Kommunale Sommergespräche 2012.
ÖIR – Österreichisches Institut für Raumplanung.

12 Arthur Kanonier: *Programmzeitschrift ÖGFA* 2013/3.

13 Der Abschnitt zur Schweizer Widmungsabgabe beruht auf dem Transskript und der Bearbeitung des Vortrags von Fritz Schuhmacher (29.11.2013) von Elise Feiersinger.

14 Deutsches Finanzministerium 2014, www.steuerliches-info-center.de/DE/Aufgaben-DesBZSt/SteuernImInternVergleich/DownloadAngebote/downloadangebote_node.html.

15 Oefele, Winkler: *Handbuch des Erbbaurechts*. 4. Auflage, C.H. Beck, München 2008.

16 www.immothek24.com.

17 ebd.

18 www.derstandard.at/1376534330744/Bodenlos-gluecklich.

19 Alfred Früh, „Baurecht: Erfolgsgeschichte mit Reformbedarf“, in: *Wohnen Plus* 4/2012, S. 9, 10.

20 ebd.; siehe auch die nebenstehende Statistik.

Dieter Hoffmann-Axthelm

Kommunale Flächenkosten und lokale Demokratie[1]

Was hat meine Flächennutzung mit kommunalen Kosten, was haben Flächenkosten mit lokaler Demokratie zu tun? Dass Fläche kostet, ist über Mieten, Bodenpreise, Grundsteuer jedermann irgendwie deutlich. Viel undurchsichtiger ist das Ineinander von Bauökonomie und individuellen Nutzerstrategien einerseits, staatlicher Regulierung, Steuern und kommunaler Infrastruktur andererseits, das sich hinter den jeweiligen Flächenkosten verbirgt. Einsichtig wiederum ist auch, dass Flächennutzung ein guter Startpunkt für lokale Auseinandersetzungen ist. Weniger deutlich dürfte die Verzahnung von Baurecht, Wirtschaftsinteressen, kommunaler Kassenlage und Bürgerwünschen sein, welche dafür verantwortlich ist. Dass beide Ebenen zusammenhängen, wird spätestens dann spürbar, wenn individuelle Wohnwünsche sich an lagebedingten Flächenkosten reiben. Undurchsichtig bleibt auch, wie weit die Vermittlung zwischen diesen beiden Seiten nicht bloß über den Markt läuft, sondern auch über Politik – Wahlkämpfe und Parteiprogrammatiken, also Demokratie –, und, angesichts einer Fülle unumgänglicher staatlicher Verwaltungsleistungen, über das Steuersystem.

Das damit sehr vage umrissene Beziehungsgeflecht ist aber überhaupt zu weitläufig, als dass man es individuell auf sich selbst beziehen könnte. Ein nachvollziehbares Verhältnis wäre nur durch einschneidende Beschränkungen zu erreichen: durch Begrenzung des Zuständigkeitsraums und der politischen Reichweite, also durch „Lokalisierung". Damit ist man bei einem sehr alten Thema, das jedoch – Rückkehrfantasien sind eher kontraproduktiv – völlig neu gedacht werden müsste, um den komplexen Verhältnissen der globalisierten Welt zu entsprechen. Voraussetzung dafür ist der gewachsene Boden – und damit gelangt die Stadt in den Fokus.

1 Die Ebene der Stadt ist für mein Thema schon deshalb unvermeidlich, weil hier der Zusammenhang von öffentlichen Leistungen und privaten Interessen unmittelbar anschaulich ist: im Verhältnis von öffentlichen und privaten Flächen, von privaten Flächenkosten und kommunaler Flächenentwicklung. Ohne letztere hingen sowohl privatwirtschaftliche Flächenproduktion als auch private Nutzung in der Luft. Über Grundsteuer und Abgaben (Straßenbau, Anschlüsse an Ver- und Entsorgung) ist hier zugleich ein überschaubares Modell der Äquivalenz von Beiträgen und kommunaler Leistung gegeben, das sich daher auch unmittelbar in den Flächenkosten von Eigentum und Miete niederschlägt.

Warum und woher dann aber die weitere Zuspitzung, die Verbindung des Ineinander von öffentlichen und privaten Flächenkosten mit einem Modell lokaler Demokratie? Darauf ist nicht mit einem Satz zu antworten. Ich versuche, das umfangreiche Beziehungsgeflecht über zwei zunächst getrennte Argumentationsschichten anzugehen: zum einen über die historische Zerreißprobe, der aktuell die Kommunen sowohl hinsichtlich städtischen Flächenregimes als auch städtischer Finanzen unterliegen, zum andern durch Öffnung des Ist-Zustands auf seine historische Genese.

Zerreißprobe: Das industriegesellschaftliche Flächenregime des 20. Jahrhunderts, angelegt auf unbeschränktes Flächenwachstum und Monofunktionalisierung der Flächennutzung, bröckelt. Die verantwortlichen Problemlagen sind bekannt – Ökologie, Migration, Globalisierung, veränderte Lebens- und Arbeitsmodelle, veränderte Altersstruktur, Digitalisierung, wachsende Zeit- und Energiekosten… Diese Entwicklungsfaktoren schlagen sich stadtstrukturell in einer zugleich auf zunehmende Beschleunigung angelegten Asymmetrie nieder: einer teilweisen Erosion der Peripherie und einem zunehmenden Druck auf Innenstadtlagen.

Zugleich driften die einzelnen Stadtschicksale dramatisch auseinander. In peripheren Regionen schrumpft die Bevölkerung, lokale Unternehmen verschwinden, die Gewerbesteuer sinkt, Versorgungsstrukturen geraten unter Druck. Umgekehrt wachsen die Großstädte, immer mehr Bewohner zieht es aus der Peripherie in die Innenstädte mit dem Ergebnis von Flächenknappheit, steigenden Mieten und Verdrängung. Gleichzeitig konzentrieren sich in den Großstädten die sozialen Probleme, Arbeitslosigkeit, soziale Exklusion, scheiternde Integration der Zuwanderer aus Krisenländern.

Dazu kommt die strukturelle, nicht bloß akute finanzielle Instabilität der Kommunen, selbst dort, wo es aktuell nicht zu dramatischen Zuspitzungen der Haushaltslage kommt. Das ist, was Deutschland angeht, Folge eines Steuersystems, welches die Städte mehrheitlich von staatlichen Zuwendungen aus dem allgemeinen Steueraufkommen abhängig macht, während es die Eigenfinanzierung auf lokale Beiträge und den Gewerbesteueranteil reduziert – ein Hasardspiel, welches dazu führt, dass wenigen reichen Städten eine Masse budgetmäßig klammer Kommunen gegenübersteht. Aber auch reiche Städte können konjunkturbedingt jederzeit in eine Notlage kippen.

In einer Gesellschaft, die überwiegend urbanisiert ist, ist das nicht bloß ein Kommunalproblem. Es ist ein Gesellschaftsproblem, und die genannten Entwicklungen sind – wir erfahren es täglich in den Nachrichten – Zerreißproben der Gesellschaft überhaupt. Nimmt man sie darüber hinaus im globalen Setting, dem weltweiten Zugriff von Klimawandel, Energieknappheit, Flüchtlingsströmen und scheiternder Integration wahr, dann ist einsichtig, dass all diese Entwicklungen und Herausforderungen auf längere Sicht einen Umbau der gesellschaftlichen Strukturen erzwingen werden, in dessen Zentrum das Verhältnis von Staatsverantwortung und Selbstverantwortung der Individuen steht. Wohin das führen wird, wissen wir nicht, wir wissen nur, dass es die große Lösung nicht mehr gibt.

2 Bereits die strikt stadtbezogenen Entwicklungslinien, die oben genannt wurden, sind so weitgreifend und zugleich so eng miteinander verknüpft, dass die vorhandenen, noch den Problemen des 19. und 20. Jahrhunderts verpflichteten Instrumentarien offensichtlich überfordert sind. Einerseits ist da die motivierende Greifbarkeit des Einzelfalls – Grundfragen stellen sich lokal, zeitnah

und mitunter vor der Haustür, etwa ob dieses Einkaufszentrum oder jenes Hochhaus genehmigt werden soll. Andererseits wird der kommunalpolitische Entscheidungsprozess ständig durch die so viel mächtigeren Bedingungen des staatlichen Finanzflusses durchkreuzt. Das zeigt sich schon in Einzelfällen kommunaler Flächenordnung, angesichts derer eine hochgerüstete Verwaltungstechnik eigentlich leichtes Spiel haben sollte. Zum Beispiel dann, wenn die vergleichbar überschaubare Aufgabe innerstädtischer Flächenausweisung und Nutzungssteuerung sich in ein Dickicht sowohl staatlicher Reglementierung als auch kommunaler wirtschafts-, planungs- und lokalpolitischer Interessenwidersprüche verwickelt, die nur ein mühseliges Durchwursteln erlauben.

Wie verhält man sich dazu – als Fachplaner, als Bürger, als Intellektueller? Am genannten Beispiel: Wie begrenzt und verlangsamt man in einem konkreten Innenstadtbereich den Prozess der Gentrifizierung? Jeder kleine Erfolg hätte Auswirkungen auf den gesamtstädtischen Segregationsprozess. Als Stadtplaner kennt man, freihändig formuliert, durchaus geeignete Mittel: die Beschränkung der Investitionsgrößen, also den Parzellierungszwang bei Großflächen, bei öffentlichen Grundstücken; den Verkauf jeder Parzelle an einen anderen Investor; Nutzungsbeschränkungen zugunsten eines Minimums sozialer und funktionaler Mischung etwa durch feste Prozentvorgaben für das Verhältnis von Wohnen und Gewerbe und für einen gewissen Vergabeanteil an sozial schwächer Gestellte in jedem einzelnen Gebäude; die Abschaffung der im 20. Jahrhundert durchgesetzten Abstandsformen zugunsten von Verdichtung der Bestände und Neubebauung; Umwandlungs- und Nischenschutz bei nachgewiesener sozial- und wirtschaftspolitischer Relevanz.

Das alles sind rechtlich eindeutige Möglichkeiten, aber damit ist man mitten im staats- und kommunalpolitischen Gemenge und muss mit Widerstand von allen möglichen Seiten rechnen. Das Fachliche – Verwaltungsträgheit, überholte Planungstheorie und -praxis, Architektenegomanie, intellektueller Modernismus – ist nur der innerste Kern. Das Resultat der Politiken des 20. Jahrhunderts, nämlich der herrschende Kompromiss aus marktwirtschaftlicher Produktion und staatlicher Regulierung, manifestiert planungsrechtlich gerade die historische Fehlentwicklung, das Nebeneinander von innerstädtischer Konzentration und peripherem Flächenfraß, von Gentrifizierung und sozialer Exklusion. Zugleich sind diese Manifestationen stadtpolitisch verankert. Da üben nicht nur die großen Investoren und Immobilienunternehmen, ihre Verbände und affinen Parteien Druck aus, gleich wirksam ist die Bremswirkung der großen öffentlichen Wohnungsbauunternehmen und ihres umfangreichen politischen Hinterlandes in Gewerkschaft, Parteien, Ministerien: Die Öffentlichen verteidigen, zumal sie anderes als Großformat nicht können, ihre Bestände, nämlich das sozialdemokratische Projekt des vorigen Jahrhunderts.

Und wo sind die Bürger? Die öffentliche mediale Diskussion ist mit Architekturfragen beschäftigt – Hässlichkeit und Schönheit, Hochhaus ja oder nein… Strukturfragen sind schwer oder gar nicht kommunizierbar. Bleibt der Einzelfall mit seinen bunten Koalitionen aus Fachberatung, Mieterbund, Bürgerinitiativen und Bürgerwut, Kirche, Jugendprotest, lokalen Medien. Das kann im Einzelfall hilfreich sein, aber insgesamt ist Betroffenheit kein guter Ausgangspunkt, um den Sinn für Flächenkosten und Flächengerechtigkeit zu schärfen. Die überwiegende Menge der Bürgeraktionen sind Verhinderungsversuche. Bauen? Vor meinem Haus nicht. Jeder möchte lieber an einem Park wohnen, seine Aussicht oder seine Hundeauslaufstrecke wahren. Da gibt es offenbar weder Augenmaß noch Einsicht in den Sachverhalt, dass Flächenprivilegien überwiegend privat genossen, jedoch von allen, erst recht den davon Ausgeschlossenen, finanziert werden. Noch weniger hat man Lust, im eigenen Kopf den an sich einsichtigen Schluss zuzulassen, dass großräumige Flächenansprüche, so sozial oder grün sie argumentiert werden mögen, mit steigenden Mieten zusammenhängen.

Gerade auf diese Bürger kommt es aber an. Wie also ließe sich eine Rückkoppelung ihrer Flächenansprüche mit den zeit- und ebenenversetzten Folgen eben dieser Ansprüche für sie selbst herstellen? Für eine Antwort muss nicht nur weit zurück, sondern ebenso weit nach vorne gedacht werden.

3 Eben auch zurück. Denn das oben bezeichnete Äquivalenzmodell über Grundsteuer und Ausgleichsbeträge ist ja nur der kümmerliche Rest eines umfassenden stadtpolitischen wie stadtökonomischen Systems, das einst die Entstehungsgrundlage der europäischen Stadt bildete. Dass es in Europa, anders als im Großteil der übrigen Welt, überhaupt die Ebene der politisch verfassten Stadt gibt (oder gegeben hat), in der Bürger sich unabhängig von ihrer staatlichen Einbindung äußern, verdanken wir der genossenschaftlichen Binnenregulierung der mittelalterlichen Stadt. Das Modell ist jedoch im Lauf der Neuzeit, also innerhalb der letzten 500 Jahre, Schritt für Schritt der zentralisierenden Fiskalpolitik des Staates unterworfen worden. Dabei wurde es zumindest in den großen Nationalstaaten, teils früher, teils später, bis auf die genannten Reste zerstört.

Andersherum betrachtet heißt das, dass über Jahrhunderte zwei höchst unterschiedliche Systeme auch koexistieren konnten: ein auf Gegenseitigkeit beruhendes System genossenschaftlicher Selbstverwaltung und das auf Schutz und Herrschaftsrecht beruhende Prinzip des Territorialstaates. Zugleich ist es nicht ganz unwichtig, dass ein erhebliches Maß an kommunalen Selbstverwaltungsrechten sowohl in den USA als auch in der Schweiz weiterhin vorhanden ist – das banale Argument, man könne nicht zu den „alten Germanen“ zurück, zieht also nicht wirklich.

Dieser Systemkonkurrenz entsprechen logischerweise zwei ganz unterschiedliche Systeme der Kostendeckung: Während der Staat qua Herrschaftsrecht Steuern erhebt, anfangs nur von den Städten, dann von den Ständen und schließlich von jedem einzelnen zahlungsfähigen Staatsbürger, waren die städtischen Abgaben gleichsam Verbandsbeiträge – die Umverteilung der Stadtkosten auf die Nutznießer. Beide Abgabenarten sind nach wie vor aktuell, für die Finanzierung der Städte spielt die zweite nur keine tragende Rolle mehr: Stadt, das ist heute, zumindest in Deutschland (und erst recht in Frankreich), kaum mehr als die unterste staatliche Verwaltungsebene, wenn rund 95 Prozent aller städtischen

Zerreißprobe:
Das industriegesellschaftliche Flächenregime des 20. Jahrhunderts, angelegt auf unbegrenztes Flächenwachstum und Monofunktionalisierung der Flächennutzung, bröckelt.

Verwaltungstätigkeit staatlich beauftragt sind. Die finanzielle Abhängigkeit der Kommunen von staatlichen Zuweisungen ist also nur die fiskalische Seite der Instrumentierung städtischer Selbstverwaltung für die staatliche Struktur- und Sozialpolitik.

Die dramatische Wende in dieser Beziehung bildet die Ausrufung der Weimarer Republik 1918. Die Weimarer Verfassung begründete erstmals eine zentrale staatliche Finanzverwaltung, wie es sie in Frankreich seit Jahrhunderten gab. Da dies eine Entmachtung der Mitgliedsstaaten des Bismarck-Reiches bedeutete, musste für diese, die nunmehrigen Länder, ein Kompromiss gefunden werden. Er erfolgte zu Lasten der Städte, denen bis auf die Grundsteuer sämtliche Steuern entzogen wurden, um ihnen als Steueranteile bzw. Zuweisungen seitens der Länder in verminderter Höhe wieder zuzufließen. Hoch vereinfacht ist dies bis heute das Grundmodell des Finanzausgleichs. Die Kommunen sind damit ebenso abhängig wie krisenanfällig.

Die verhängnisvollste Folge des Verfahrens betrifft aber das politische Funktionieren der Kommunen aufgrund des Schleiers, den es über die Finanzbeziehungen zwischen Bürgern und Stadt breitet. Es gibt für die Bewohner keine einsichtige Beziehung mehr zwischen den Steuern, die sie zahlen, und den Leistungen der Kommune und für die Kommunalverwaltung wiederum keine einsichtige Scheidung zwischen kommunalen und staatlichen Mitteln. Der Stadtpolitik konstituierende Dialog zwischen Leistung und Gegenleistung unterbleibt, d.h. zugunsten des Staates wird das Verhältnis zwischen Stadtverwaltung und Einwohnern vergiftet. Die Bürger können nur fordern, ohne die Kostenseite bedenken zu müssen, die Städte nur auf die knappen Kassen verweisen.

Will man, fraglos ein Sisyphos-Projekt, die verlorene Beziehung wiederherstellen, dann ist dafür nur ein gangbarer Weg zu sehen: eine klare Scheidung zwischen staatlichen und städtischen Leistungen, mithin auch zwischen staatlichen Steuern und städtischen Abgaben.

Ersteres würde bedeuten, dass staatliche Leistungen, rechtlich garantiert und damit überwiegend unflexibel, auch eindeutig von staatlichen Agenturen erbracht werden müssten, im Wesentlichen also der große Block der Sozialleistungen, so dass andererseits für Bürger und Stadtverwaltung und -politik ein strikt aufgabenbezogener, zugleich entsprechend flexibler städtischer Leistungsbereich erkennbar ist. Letzteres würde bedeuten, dass die staatliche Steuer sekundär auf den kommunalen Abgaben der Bürger aufsetzt, so dass man weiß, was und wann man an wen zahlt – und bei kommunalen Abgaben, wofür.

4 Die Grundfrage, die sich dabei stellt, ist die nach dem eindeutigen Nexus zwischen Stadt und Bürgern. Wie macht eine Stadt ihre Einwohner unter heutigen Bedingungen haftbar angesichts territorialer Verankerung auf der einen, hochgradiger Mobilität und Individualisierung auf der anderen Seite? Bis zum Beginn der Moderne setzte der Abgleich von Leistungen und Abgaben am Hausbesitz an. Man ging von vergleichsweise statischen Verhältnissen aus und bevorrechtete die Eigentümer, was unter modernen Verhältnissen unhaltbar wurde. Man muss sich also definitiv vom Bodenmythos lösen und, wenn man den Nexus wiederherstellen will, sehr viel abstrakter denken.

Die Stadt ist materiell, als begrenzter Ausschnitt aus einem territorialen Kontinuum, ein Flächenereignis und strukturell ein System der Zuteilung von Nutzungsrechten. Das ist ihre Grundleistung. Inmitten der extremen Unterschiedlichkeit und Strittigkeit der Ansprüche und Interessen kommen die Nutzer aller Art nicht umhin, dieses Angebot in Anspruch zu nehmen, solange sie irgendwo körperlich existieren, egal wie weit sich Geschäfte in digitale Felder verlagert und Existenzen mobilisiert haben. Alles, was dem Flächenbezug entgeht, ist ohnehin Sache staatlicher Besteuerung.

Wenn die Tatsache der Flächennutzung der allgemeinste, nicht abstreifbare Nexus zwischen Stadt und (egal welchen) Nutzern ist, dann ist dies der Punkt, wo das kommunale Abgabensystem einsetzen muss. Konzeptionell folgt daraus eine allgemeine gebrauchsabhängige Flächenabgabe, die auf jede exklusiv genutzte Flächeneinheit erhoben wird, egal ob öffentlich oder privat (aber nicht auf öffentliche Güter wie Straßen, Plätze, Parks usw., die auf der Kostenseite verbleiben). Die Flächenanrechnung erfolgt zugleich ohne Rücksicht darauf, ob es sich um die vervielfachte Fläche eines Hochhauses oder die einfache eines Einfamilienhauses, Hofs oder Gartens handelt.

Das Gegenbild wäre die volkseigene, d.h. voll verstaatlichte Stadtfläche. Da Gesellschaftseigentum, könnten, wie seit den Frühsozialisten gefordert, Flächenkosten auf Null gesetzt werden: Kosten der Herstellung, Verteilung, Pflege wären kollektive Kosten, die über Steuern bzw. staatswirtschaftlich getragen würden. Das setzte allerdings, unter Diktaturbedingungen, einen bei Unterdrückung kommunaler Autonomien alleinverantwortlichen Planungsstaat voraus oder, im Commune-Modell, eine genossenschaftlich organisierte Stadtgesellschaft nicht nur ohne Grundrente, sondern überhaupt ohne Wirtschaftskonkurrenz, zugunsten kollektiver Versorgung mit Wohn- und Gewerberaum.[2]

Einfachheit und Allgemeinheit einer verbrauchsabhängigen Flächenabgabe haben natürlich ihren Preis. Eine solche Abgabe verzichtet insbesondere auf soziale und ökologische Steuerungselemente, da es, damit sie überhaupt durchsetzbar ist, in erster Linie darauf ankommt, sie steuerpolitisch und marktökonomisch neutral zu gestalten. Nur so aber lässt sich das Ziel verlässlicher kommunaler Eigenfinanzierung erreichen: also einerseits Unabhängigkeit vom Staat und seiner Neigung, asymmetrisch Aufgaben und Kosten auf die Städte zu überwälzen, und andererseits Unabhängigkeit bzw. verminderte Abhängigkeiten von den Konjunkturzyklen, die in raschem Wechsel den Gewerbesteueranteil steigen oder fallen lassen.

Einfachheit und Allgemeinheit der Abgabe erfüllen aber auch eine wichtige stadtwirtschaftliche Funktion. Der fast durchgehend verbreiteten Neigung der Kommunalpolitiker entgegen, öffentliche Flächen als kostenlos bzw. kostenneutral zu betrachten, ist man gezwungen, die Kosten öffentlichen Flächenverbrauchs genauso in Rechnung zu stellen wie die des privaten Flächenverbrauchs. Es wäre also nicht mehr möglich, den öffentlichen Eigenverbrauch undiskutiert und nicht kontrollierbar den Nutzern als Gemeinkosten in Rechnung zu stellen.

5 An diesem Punkt trifft die Flächenabgabe auf ein zentrales stadtwirtschaftliches Thema, nämlich die kommunale Flächenpolitik. Wenn die Gestehungskosten öffentlicher Flächen genau so ausgewiesen und bezahlt werden müssen wie private – und zwar

nicht mehr über eine nur die Privaten treffende Grundsteuer, sondern über eine allgemeine Flächenabgabe –, dann können sie auch kommunalpolitisch nicht mehr als Geschenk der Natur oder des Staates (oder früher kommunaler Vorsorge) betrachtet werden. Sie sind vielmehr Gegenstand der kostenbezogenen innerkommunalen Aushandlung zwischen Bürgern und Verwaltung. Die Flächenabgabe selbst entwickelt hier zwar eine begrenzte Wirksamkeit, insofern sie nur diejenigen öffentlichen Flächen betrifft, die katastermäßig erfasst sind, also die Summe öffentlicher infrastrukturbezogener Grundstücke. Indem die Flächenabgabe aber eine geschlossene Kommunalwirtschaft konstituiert, werden auch die von der Abgabe nicht erfassten Flächen in einer ganz anderen Schärfe sichtbar.

Das betrifft nun gerade in erster Linie jene beiden Flächenkomplexe, die unter der trügerischen Voraussetzung von Kostenneutralität das Zentrum kommunalpolitischer und stadtwirtschaftlicher Auseinandersetzung bilden: die Forderung nach immer mehr Verkehrs- und Grünflächen. Sowohl die lobbyistisch wirksam gestützte Forderung nach mehr Verkehrsfläche als auch der eher diffuse Bürgerwunsch nach mehr Grün stoßen zwar auf das Problem begrenzter kommunaler Budgets, die Forderungsseite bezieht ihre Stoßkraft aber vor allem aus der Illusion, man bekäme etwas, was man nicht selbst bezahlen müsse. Es bleibt also Sache der Stadtpolitik, wie weit man dem Nutzerdruck – man will ja gewählt werden – nachgibt oder nicht und wie man die Kosten eines jeden Mehr an Verkehrs- oder Grünfläche budgetmäßig verarbeitet, sei es über höhere Schulden, sei es durch Kürzung bei anderen, lobbyistisch weniger gestützten Belangen.

Unter den Bedingungen einer geschlossenen Kommunalwirtschaft entfallen die Verdeckungsmomente staatlich-kommunaler Misch- und innerkommunaler Querfinanzierung. Die anfallenden Kosten müssen unmittelbar als Teil der Abgabenhöhe ausgewiesen werden. Stadtpolitisch muss also diskutiert werden, wie man jeglichen Zuwachs an öffentlicher Fläche finanzieren will, ob über Einsparungen oder über Erhöhung der Abgabe. Im Fall von Einsparungen wäre außerdem deren Gemeinverträglichkeit zu prüfen, wer also dann die primären Nutznießer und wer die Verlierer wären.

Damit ist man mitten in der Problematik nicht bloß der fallbezogenen Kosten städtischer Flächenpolitik, sondern überhaupt der städtischen Flächenwirtschaft. In Deutschland steigt der Verschuldungsstand der Kommunen insgesamt beständig, während es von Kommune zu Kommune unerhörte Unterschiede gibt. Die Statistik gibt zu den Ursachen wenig Auskunft, wobei auffällig ist, dass schuldenfreie Städte überwiegend kleinere und außerhalb der großen Ballungszentren liegende sind. Abstrahiert man hypothetisch von demjenigen, insbesondere personalwirksamen Anteil der Sozialkosten, der durch Bund bzw. Länder nicht ausgeglichen, sondern auf die Kommunen überwälzt wird, dann verweist dies auf ein Strukturproblem der hoch verschuldeten Städte, das unmittelbar mit ihrer Flächenwirtschaft korreliert.

Dies lässt sich Stadt für Stadt schon anhand eines sehr groben Maßstabes kontrollieren, nämlich des Verhältnisses von Baufläche zu sonstigem Flächenverbrauch. Dabei zeigt sich: Stark verdichtete Städte mit geringer Flächenstreuung profitieren von einer betriebswirtschaftlich positiven Relation von Aufwand und Nutzen, während umgekehrt stark zersiedelte Agglomerationen mit überdurchschnittlichen Flächen- und Infrastrukturkosten kämpfen, also stadtwirtschaftlich bereits ihrer Struktur nach defizitär sind.

Zersiedelung wird gewöhnlich unter dem Gesichtspunkt von Ökologie, Klimaschädlichkeit und Energieverbrauch betrachtet. Verschärft durch die angedeuteten Verschiebungen zwischen Peripherie und Kernstadt und die korrespondieren Probleme sozialer Exklusion, hat man mit einem Problemknoten zu tun, der durch staatliche Maßnahmen, z.B. Subventionierungen, nur verdeckt, aber nicht entwirrt werden kann. Bezieht man den stadtwirtschaftlichen Zusammenhang ein, wird damit ein möglicher Ausweg vorgezeichnet. Was anderes, wenn nicht wirtschaftliche Zwänge könnten der ökologischen Kehrtwende den nötigen Schub verleihen?

Angesichts der darin inbegriffenen Härten und Zwänge dürfte ein solches Projekt jedoch nur kommunaldemokratisch zu bewältigen sein: dadurch nämlich, dass die Gesamtheit der Nutzer, Unternehmen wie Haushalte, entlang einer kostenbezogenen Diskussion in eine Politik der Optimierung der Gestehungskosten von Stadt hineingenommen wird.

6 Es liegt auf der Hand, dass es für einen solchen Aushandlungsprozess andere politische Mechanismen geben muss als die, die wir – periodische Wahlen, punktuelle Plebiszite, gelegentliche Angebote der Bürgerbeteiligung – heute haben. Es geht nicht um einen besseren Transfermechanismus, als müssten Entscheidungen nur besser nach unten kommuniziert werden oder ein beliebiger Bewohnerwille wirksamer nach oben durchdringen können. Stadt und Bürger müssen vielmehr auf gleiche Ebene gebracht werden.

Dafür sind offensichtlich zwei Bedingungen zu erfüllen: Zum einen sollten angesichts der strukturellen Ungleichheit von Verwaltern und Verwalteten die Rollen von Verwaltung und Bürgern zumindest partiell austauschbar sein, d.h., man muss von der kommunalen Selbstverwaltung zu einer wenn auch begrenzten, realen Selbstverwaltung der Bürger weitergehen.

Zum andern müssen angesichts der massiven Unterschiedlichkeit der städtischen Lagen, der wirkungsmächtigen Interessen und der sozialen Schicksale die geballten stadtökonomischen und stadtstrukturellen Problemlagen soweit territorial kleingegliedert werden, dass ein kompetentes Mitregieren der Nutzer möglich wird.

Die Sinnhaftigkeit unterster lokaler Einheiten der Selbstverwaltung dürfte einleuchten. Deren praktische Möglichkeit ist hier so wenig auszuführen wie die notwendigen Sicherungen, die es erlauben, ein als sinnvoll erkanntes Maß an lokaler Autonomie schadlos in das Gefüge einer modernen Stadtverwaltung einzubauen. Es muss genügen, Reichweite und Aufgaben des damit gegebenen – begrenzten – Machttransfers nach unten zu benennen.

Denn natürlich interessiert jetzt vor allem die Frage, welche Funktion hierbei die Flächenabgabe erfüllt. Sie tritt ja zweifellos erst einmal als soziales Ärgernis auf. Zwar imitiert sie das allgemeine Wahlrecht nur insofern, als sie ungeachtet der hochgradigen Unterschiedlichkeit der Einkommen, der sozialen Stellung, der individuellen Fähigkeiten und Durchsetzungskräfte alle gleich betrifft. Aber sie tut dies nicht als schmerzlose Stimmabgabe, sondern als schmerzhafte Zahlungsverpflichtung. Eine Verpflichtung, die alle, trotz der manifesten Diskrepanzen, gleich belastet, entsprechend ihrem individuellen Flächenverbrauch (und natürlich unter der Voraussetzung, dass im Sozialfall die Abgabe Teil der vom Sozialamt gezahlten Miete ist).

Dem steht auf der Habenseite jedoch ihre vermittelnde Funktion gegenüber: die Abgabe ist „sprechend“ – sie teilt den Einzelnen mit, was ihr genauer Anteil an den Gesamtkosten der Institution Stadt ist – und zugleich individuell beeinflussbar, da sie im Aushandlungsprozess der Gesamthöhe der Kosten und ihrer Verteilung jedem Nutzer eine Stimme einräumt. Anders gesagt rechtfertigt sich eine ausnahmslos gebrauchsabhängige Flächenabgabe unter der Bedingung der Einräumung strikt lokaler Demokratie.

Lokale Demokratie ist gleich begrenzte lokale Selbstverwaltung: In der Tat wäre die Eintragung lokaler Forderungen und Bedürfnisse in den kommunalen Ermittlungsprozess der Stadtkosten die erste Aufgabe. Der Ausgleich dieser Anforderungen kann natürlich wiederum nur auf kommunaler Ebene erfolgen, also unter Konfrontation der oft widersprüchlichen lokalen Bedingungen und Erfordernisse eines Stadt- oder Gemeindegebildes und mit den unabweisbaren gesamtkommunalen Pflichten und Lasten. In jedem Fall tritt das Ergebnis, die Abgabenhöhe, nicht mehr in Form eines Verwaltungsaktes staatlicher Verfügung an die Bürger heran, sondern als Produkt der Vermittlung von Wünschen und Erfordernissen. Man weiß nicht nur, wofür man zahlt, weil Leistungen und Kosten offengelegt sind, sondern man erfährt sich auch als eigenverantwortlich, beauftragt sich gleichsam selbst.

7 Dass sich über lokale Selbstverwaltung ein erheblicher Möglichkeitsraum erschließt, ist hier nur noch anmerkungsweise zu umreißen. Lokale Selbstverwaltung ist an die Basis der Nutzer abgegebene Verwaltungstätigkeit. Auch auf lokaler Ebene können nicht alle verwalten, sondern es gibt Aktive und Nichtaktive. Der lokale Rahmen macht aber – dies der entscheidende Punkt – den periodischen Austausch der Rollen möglich und evoziert damit bei jedem Einzelnen einen Perspektivenwechsel, wenn tendenziell jeder in die verantwortliche Rolle des Verwalters eintreten kann. Diese ungeheure Ressource gälte es umfangreich zu nutzen.

Es gibt ja eine ganze Reihe von Problemfeldern, für die die Lokalisierung einen Standortvorteil ergeben würde. Das gilt insbesondere für das Problem der Integration von Zuwanderern. Dabei geht es ja nicht nur um bloße Assistenz und formalrechtliche Gleichbehandlung, sondern vor allem um die Einstellung in den Köpfen und die konkreten Formen der Interaktion, des sozialen Verhaltens und Miteinanders. Auf Stadtebene ist das erfahrungsgemäß, ob Groß- oder Kleinstadt, nicht zu lösen, es bleibt bei Anforderungen von oben herab, bei Zwangsmaßnahmen und begleitenden Appellen. Je weniger, wie noch in der hochindustriellen Vergangenheit Usus, auf die Integration großer privatwirtschaftlicher Arbeitgeber zu setzen ist, umso entscheidender wird es, ob und wie es gelingt, das Nebeneinander durch einen verbindlichen und ausreichend regelgeleiteten Interaktionszusammenhang, also durch kooperative Nähe, in ein Miteinander zu verwandeln.

Ein anderes Problemfeld wären Arbeitslosigkeit und formelle Arbeitsunfähigkeit. Verknüpft mit der Institutionalisierung lokal begrenzter Selbstverwaltung ergäbe sich die Möglichkeit eines informellen lokalen Arbeitsmarktes. Den Kern hierfür würde bereits die wechselnde lokale Verwaltungstätigkeit selbst bilden, insofern es sich zwingend nicht um ehrenamtliche, sondern um bezahlte Arbeit handelte. Unter den Bedingungen relativer lokaler Übersichtlichkeit würde dieses vermutlich in erheblichem Maße nicht nur brachliegende Fähigkeiten freilegen, sondern auch Verhinderungen und Verweigerungen in Bezug auf lokal organisierte Gemeinaufgaben beseitigen, es würde weiterhin in begrenztem Maße lokale Waren- und Dienstleistungskreisläufe etablieren, ohne dass man auf folkloristische Praktiken wie Tauschringe und lokale Währungen angewiesen wäre. Lokale Selbstverwaltung wäre allein dadurch einer der Schlüssel zu einer veränderten städtischen Flächenökonomie. Vermutlich ließen sich aber überhaupt einige Parameter einer urbanen Verdichtungsstrategie – private Flächeneinsparung der Nutzer, Verlagerung privater Freizeit in den öffentlichen Raum, Überlagerung von Wohn- und Arbeitsflächen im Zuge von Digitalisierung und industrieller Miniaturisierung, öffentliche statt private Verkehrsmittel, gemischte Verkehrsflächennutzung – lokal besser motivieren und herstellen denn als übergreifende kommunale Maßnahme, nicht zuletzt dank unterstützender Sensibilisierung für Flächenkosten durch die Flächenabgabe.

Damit hat man sich scheinbar weit vom Thema der Flächenkosten entfernt. Soweit aber der Versuch, Bedingungen und Folgen einer auf dem Äquivalenzprinzip basierenden städtischen Flächenabgabe zu durchdenken. Es dürfte klar geworden sein, dass ohne lokale Demokratie – die letzte in der europäischen Demokratiegeschichte noch ausstehende Ebene – nicht auszukommen ist. Ob man das Potenzial lokaler Selbstverwaltung dann auch voll ausschöpft, wäre für das Funktionieren nicht von Belang – wohl aber für die Ernsthaftigkeit des basisdemokratischen Ansatzes.

Was hier skizziert wurde, ist selbstverständlich als bloßes Modell vorgetragen, d.h., ohne die Illusion, unter heutigen Verhältnissen ließe sich dergleichen bei einigem guten Willen auch realisieren. Wie gesagt, welche Richtung die eher naturwüchsig vorangetriebene Entwicklung nehmen wird, wissen wir nicht. Modelle haben immerhin die Aufgabe, für das, was kommt, und für das, was nötig scheint, einen Maßstab zur Verfügung zu stellen, indem sie im Vorgriff konstruieren, was möglich ist und was unter günstigen Bedingungen machbar wäre.

1 Das Folgende stellt einen Ansatz in zwangsläufig extrem geraffter, gleichsam holzschnittartiger Weise dar, ohne hier die vielfachen politischen, ökonomischen und sozialen Voraussetzungen und Folgen diskutieren zu können, zugleich unter Verzicht auf abstützende Literaturhinweise. Stattdessen verweise ich auf mein Buch: *Flächenkosten und kommunale Finanzökonomie. Für eine Theorie der Stadtwirtschaft*, Detmold 2010, welches diese Aufgabe im Maße meiner Möglichkeiten und Fähigkeiten zu erfüllen versucht.

2 Der Umstand, dass alle historischen Versuche hierzu im Ansatz gescheitert sind, sollte nicht dazu führen zu übersehen, wie weit derartige Vorstellungen in die reale Planungsmoderne eingegangen sind und bis heute ein gespenstisches Nachleben führen.

Rolf Novy-Huy

Das (Erb-)Baurecht als modernes Instrument der Stadt- und Bodenpolitik

Die Entwicklung des Erbbaurechts lässt sich auf das römische Recht zurückführen. Das superficiarische Recht (Gebäuderecht, Baurecht, Platzrecht) regelte den Umgang und wurde im Lehensrecht angewendet. Privates Eigentum am Boden ist also nicht ‚naturgegeben', sondern das Ergebnis einer geschichtlichen Entwicklung.[1] 1919 wurde in Deutschland durch den Erlass der Erbbaurechtsverordnung die praktische Anwendung des Erbbaurechts, insbesondere die Beleihbarkeit deutlich verbessert. Die ‚Bodenfraktion' im Deutschen Reichstag, untrennbar verbunden mit der Person Adolf Damaschke, setzte damit ihr Anliegen um, die „Förderung des Wohnungsbaus, insbesondere für die sozial schwächeren Schichten und gleichzeitig die Schaffung eines Instruments zur Bekämpfung der Bodenspekulation" zu erhalten.[2] Die Zielsetzung dieser Verordnung zeigt sich auch darin, dass am gleichen Tag eine „Verordnung zur Behebung der dringendsten Wohnungsnot" erlassen wurde. Seit 2007 wird diese Verordnung Erbbaurechtsgesetz genannt.

Die Bodenrente der Gesellschaft und nicht dem Privateigentümer überlassen

Anknüpfend an die historischen Bodenreformgedanken von Damaschke und anderen Vordenkern wie Henry George, Silvio Gesell, Rudolf Steiner, Franz Oppenheimer u.a. stellt sich die Frage, warum Boden als Gemeingut nur dem Nutzen von privaten Eigentümern unterliegen soll. Noch heute herrschen zu diesem Thema teilweise feudalistische Denkstrukturen und die Wirtschaft stimmt sofort Wehklagen an, weil sie die freie Marktwirtschaft, um nicht zu sagen den Kapitalismus, bedroht sieht. Jedoch hat die neoliberale Phase mit den Exzessen der Finanzkrise aufgezeigt, dass es sehr wohl einer Gegenmacht des Staates gegenüber der Wirtschaft bedarf, um Gemeininteressen durchzusetzen. Grund und Boden wieder als ‚Eigentum des Volkes' zu betrachten, sollte daher nicht als marxistisches Gedankengut verunglimpft, sondern als moderne Rückbesinnung und auch als Korrektur von Fehlentwicklungen betrachtet werden.

Die meisten der oben genannten Denker hatten als gemeinsamen Hintergrund die Lebensreformbewegung und agierten auf der Grundlage einer Geld- und Bodenwerttheorie, die die Frage des arbeitsfreien Zinseinkommens behandelte.

Silvio Gesell forderte, die Grundstücke gegen Entschädigung in öffentliches Eigentum zu überführen, sie aber ihren bisherigen Eigentümern gegen Entrichtung einer regelmäßigen Abgabe an den Staat weiterhin zur Nutzung zu überlassen. Die darauf errichteten Gebäude und sonstigen Einrichtungen sollten hingegen weiterhin Privateigentum bleiben. Damit würde die Bodenrente der Allgemeinheit zufließen und den Handel und Spekulation mit Boden verunmöglichen. Die Höhe der Abgabe sollte für jedes Grundstück gesondert in einem Meistbietungsverfahren ermittelt und von Zeit zu Zeit veränderten Verhältnissen angepasst werden.

Das Erbbaurecht als besonderes ‚Gestaltungswerkzeug'

Beim modernen Erbbaurecht[3] verbleibt der Boden im Eigentum des Besitzers und es ist sein Recht, üblicherweise aber nicht zwingend, gegen Zahlung eines regelmäßigen Erbbauzinses auf oder unter der Oberfläche des Grundstücks ein Gebäude zu errichten oder zu unterhalten. Bodenbesitz und Bebauungsrechte werden dabei getrennt.[4]

Das Erbbaurecht sollte den Wohnungsbau fördern, um sozial schwächeren Bevölkerungsschichten eine Möglichkeit zum Bauen zu bieten, und zugleich ein Instrument zur Bekämpfung von Bodenspekulationen schaffen. In Deutschland und anderen europäischen Ländern wird das Erbbaurecht zumeist von Eigentümern größerer Flächen eingesetzt, um die Bebaubarkeit von Grundstücken bei gleichzeitiger dauerhafter Erhaltung des Grundvermögens wirtschaftlich zu optimieren. Erbbaurechte werden häufig von Kommunen, Kirchen und Stiftungen, gelegentlich auch von Privaten wie etwa Adelsfamilien und Unternehmen, vergeben. Grundsätzlich kann jeder Grundstückseigentümer ein Erbbaurecht vergeben, wobei die zentrale Idee des Erbbaurechts im Ausschluss der Bodenspekulation liegt, da der Erbbauberechtigte vertraglich zur Bebauung des Grundstücks verpflichtet wird.

Beim Erbbaurecht wird also die konventionelle, eigentumsorientierte Verbindung von Gebäude und Grundstück zunächst getrennt, um beide anschließend mit den besonderen Merkmalen der Sicherung von sozialen, stadtplanerischen oder ideellen Zielen wieder zu verbinden.

Stadtentwicklungspolitische Steuerungsmöglichkeiten

In der klassischen Betrachtung regelt das Erbbaurecht die Beziehung zwischen dem Grundstückseigentümer und dem Erbbauberechtigten. Handelt es sich beim Grundstückseigentümer um eine Kommune, so muss die Gestaltung nicht allein dem Liegenschaftsamt überlassen werden, sondern eröffnet durch

Einbeziehung der Stadtplanung einen größeren Spielraum und verschiedene Eingriffsmöglichkeiten bezüglich Formen der Nutzung.

Zumindest in Deutschland ist festzustellen, dass die Finanznot der Städte diese zwingt, ihr Grundvermögen zum Höchstpreis zu verkaufen. Das ist finanzpolitisch zwar nachvollziehbar, für die Gestaltungsspielräume der Stadtplanung jedoch ein Desaster. Es stehen zunehmend weniger Baugrundstücke für öffentliche Interessen zur Verfügung und selbst Tauschgeschäfte sind ‚mangels Masse' schwierig. Die Stadtplanung muss daher versuchen, ihre Anliegen zu verdeutlichen, um wenigstens einen Mindestbestand an Grundstücken zu behalten.

Eine Möglichkeit ist dabei die Vergabe von Grundstücken als Erbbaurecht, denn damit verfügt sie bei den Vergabebedingungen über Gestaltungsmöglichkeiten. Ein weiterer Vorteil ist, dass bei der Beendigung von Nutzungen, sogenannten Nutzungsbrüchen, die öffentliche Hand als Erbbaurechtsgeberin wiederum miteinbezogen werden muss.

Bislang sind die Möglichkeiten, nicht nur über Bebauungspläne, sondern auch über die Erbbaurechtsvergabe von Grundstücken zu gestalten, nicht wirklich erkannt. Denkbar sind jedoch:

. eine Festlegung der gewünschten Nutzung, insbesondere zur Absicherung planungsrechtlicher Ziele
. die detaillierte Festlegung von Nutzungsinhalten und baulichen Maßnahmen (Vertragsfreiheit)
. eine Zustimmungserfordernis bei baulicher Veränderung
. die Vereinbarung, dass bei Nicht-Nutzung der Heimfall vereinbart wird, um spekulatives Abwarten zu verhindern[5]
. die Nutzung des Erbbaurechts als ein Instrument, das die unmittelbare, langfristige Verwendung des Erbbauzinses für soziale Aufgaben im Quartier ermöglicht – also die Schaffung eines Quartiersfonds.

Es ist der ‚Machthebel des Heimfalls', der die Notbremse bei einer Verletzung der Zweckbestimmungen darstellt. Auf diese Weise können diese zwingender und vor allem langfristiger durchgesetzt werden, als dies über Kaufvertragsregelungen möglich ist.

Was ist üblich – und warum?

Üblich ist ein Erbbauzins in Höhe von 4–5 % vom Bodenwert – auch wenn dieser bei der aktuellen Kapitalmarktlage mit Bankzinsen von unter 2 % nur schwer durchsetzbar ist. Für gewerbliche Vorhaben werden in der Regel sogar noch höhere Erbbauzinsen gefordert. Darüberhinaus wäre eine kreativere Gestaltung des Erbbauzinses durchaus vorstellbar. Diese könnte beispielsweise die Einführung eines Prozentsatzes aus allen Erlösen des Grundstücks, die Abhängigkeit vom Umsatz, einen Nachlass für gemeinnützige Nutzung oder einen Staffelerbbauzins, abhängig von der Erreichung bestimmter Ziele oder von der wirtschaftlichen Situation des Erbbauberechtigten, beinhalten. Bei angespannten Grundstücksmärkten und niedrigen Kapitalmarktzinsen liegt der Zinsvorteil eindeutig beim Erbbaurechtsgeber. Wären die Kommunen nicht so hoch verschuldet, könnten sie zu sehr günstigen Zinsen sogar Grundstücke kaufen und hochpreisig vergeben.

Das Beispiel aus der Praxis – Die Stiftung trias in Hattingen an der Ruhr

Die Stiftung trias, gemeinnützige Stiftung für Boden, Ökologie und Wohnen, wurde 2002 aus bürgerschaftlichem Engagement gegründet. Sie nutzt zur Verwirklichung ihrer Stiftungsziele ihre Vermögensanlage und darin wiederum das Erbbaurecht als besonderes Instrument. Es ist nicht die Stadtplanung, sondern die Zwecksicherung von Projekten, an der diese Werkzeuge genutzt und weiterentwickelt werden.[6]

Die Bezeichnung „trias" (Dreiheit) bezieht sich auf die drei Stiftungsthemen:

1. Ein anderer Umgang mit Grund und Boden und die Verhinderung der Spekulation. Außerdem wendet sich die Stiftung gegen die zunehmende Inanspruchnahme von bislang landwirtschaftlich und gärtnerisch genutzten Flächen für Siedlungen.
2. Gemeinschaftliche, selbstorganisierte Wohnprojekte als ein Segment des bürgerschaftlichen Engagements, nicht zuletzt vor dem Hintergrund demografischer gesellschaftlicher Entwicklungen.
3. Ökologie im Sinne von Nachhaltigkeit.

Die Stiftung erwirbt Grundstücke, was ihr oftmals allerdings nur dann möglich ist, wenn sich für ein Vorhaben neue Stifterinnen und Stifter finden. Die Grundstücke werden an die Projekte – deren Rechtsform jeweils höchst unterschiedlich sein kann – über Erbbaurechtsverträge weitergegeben. Nicht die Stiftung, sondern die Projekte bestimmen den „Zweckparagrafen" des Erbbaurechtsvertrags, wobei hier inhaltlich ein hoher Konsens besteht. Die Stiftung ist für Stifter, Pioniere und Unterstützer solcher Vorhaben ‚dienstleistend' tätig. Dies sind Menschen, die verhindern möchten, dass ihr persönliches Engagement eines Tages privatisiert wird. Darüber hinaus möchten sie sicherstellen, dass die betreffenden Gebäude langfristig dem ursprünglichen – und wenn dies nicht möglich ist, zumindest einem ideellen – Zweck dienen.

Am Beispiel der Genossenschaft als Erbbauberechtigte lassen sich die Interessensgegensätze gut aufzeigen. Die Genossenschaft ist der „Förderung der eigenen Mitglieder" verpflichtet. Hart formuliert ist das eine Art Gruppenegoismus, der bei sogenannten ‚Traditionsgenossenschaften' vor allem dann sichtbar wird, wenn Neubauvorhaben zu einer Erhöhung der alten Bestandsmieten führen würden. Dies hat nicht selten zur Folge, dass innovative Vorhaben dadurch verhindert werden, dass die Alt-Genossen ihre eigenen Mieten nicht verändert sehen wollen.

Kombiniert man eine Genossenschaft mit der Stiftung trias als Erbbaurechtsgeber, entsteht eine Polarität zwischen Eigen- und Gemeininteresse. Die Stiftung ist aufgrund ihrer Gemeinnützigkeit dazu verpflichtet, Überschüsse für gemeinnützige, also gesellschaftliche nützliche Zwecke, auszugeben. So kann der Genossenschaftsgedanke als Selbsthilfeansatz genutzt und gepflegt werden, während zugleich sichergestellt ist, dass die Genossenschaft über die Bodenabgabe ihren ‚Zehnten' an die Gesellschaft zurückgibt.

Zwei Projekte zur Schlussbetrachtung
ExRotaprint gGmbH, Berlin: Die ehemalige Verwaltung und Forschungsabteilung der Firma Rotaprint, eines Herstellers von Kleinoffset-Druckmaschinen, wurde auf vielfache Weise genutzt, stand aber durch den Liegenschaftsfonds des Senats Berlin über viele Jahre zum Verkauf. Es waren insbesondere Künstler, die das Gelände mithilfe der Stiftung trias und der Schweizer Stiftung Edith Maryon übernahmen. Der Erbbaurechtsvertrag sichert die Ateliers und die bunte Nutzung. Dort ist festgeschrieben: ein Drittel Kunst, ein Drittel Gewerbe und ein Drittel gemeinnützige Nutzung.

Die Alte Schule Karlshorst: Zusammen mit der Mietergenossenschaft SelbstBau e.G. konnte die Stiftung trias eine denkmalgeschützte Schule einer neuen Nutzung zuführen. So wurde aus einem ‚städtebaulichen Missstand' ein Vorzeigeobjekt: sozialer Wohnungsbau für Bewohner des Quartiers Karlshorst, denkmalgerechte Sanierung, energetische Ertüchtigung, fast vollständige Barrierefreiheit. Neben vielen Älteren und Rollstuhlfahrern hat auch eine Kinderwohngruppe dort Unterkunft gefunden. Hier werden Kinder aufgenommen, die zwischen ihrer Ursprungsfamilie und einer neuen Unterbringung in einer Pflegefamilie oder in einer Heimeinrichtung stehen.

Diese praktischen Beispiele zeigen, dass ein anderer, dem Gemeinnutz verpflichteter Umgang mit Grund und Boden möglich ist. Dazu bedarf es keiner wirklich neuen Instrumente, sondern nur des Mutes, neue politische Wege zu gehen. Das Werkzeug dafür liegt vor uns.

1 Egbert Dransfeld.

2 Oefele, Winkler, *Handbuch des Erbbaurechts*, 4. Auflage, München 2008.

3 In Deutschland als Erbbaurecht, in der Schweiz und Österreich als Baurecht bezeichnet.

4 Oefele, Winkler 2008.

5 Wolfgang Kiehle.

6 In der Schweiz engagiert sich die Stiftung Edith Maryon in Basel in diesem Sinne (siehe auch Baseler Bodeninitiative). In Österreich hat sich als „neuer zarter Ansatz" die Stiftung Rasenna gegründet.

Alte Schule Karlshorst,
Mehrgenerationen-Mietwohnprojekt,
Berlin

ExRotaprint gGmbH,
denkmalgeschütztes Ensemble für
Gewerbebetriebe, Kulturschaffende und
soziale Einrichtungen, Berlin

Thema_Teil 3

Bestand der Stadt: Wien

Andreas Vass

Das Geschäft mit den Beständen: Ökologiebewegung und Stadtplanung im Luxussegment

Ökologisches Handeln und Denken hat seit den 1970er Jahren die Bestandsfrage in den Mittelpunkt der Aufmerksamkeit gerückt. Waren Bestände im 19. Jahrhundert unter dem Eindruck traumatischer Verluste, wie sie die Industrialisierung in bisher nicht gekannter Breite brachte, und unter den Vorzeichen eines allgemeinen historisch-wissenschaftlichen Interesses als Gegenstände kollektiver Erinnerung, als Denkmäler oder kunstgeschichtliche Realien Objekte einer neuen Form umfassender Kanonisierung und darauf aufbauender erster Schutzbestrebungen, so trat jetzt ihre naturhafte Seite, ihre Materialität, in den Vordergrund. Wir erinnern uns: Alte Kastenfenster waren gut weil aus ‚nachwachsenden Rohstoffen' gefertigt, Putz und Ziegel waren ‚recycelbar' und mussten nicht als Sondermüll entsorgt werden.

Gemeint waren also zunächst die natürlichen Ressourcen; und die banale Erkenntnis, dass diese nicht unbegrenzt vorhanden sind, sitzt bis heute tief und unverarbeitet als Schock in den Knochen unseres wachstumsabhängigen Wirtschaftssystems. Nicht weniger als das Wachstumsparadigma der Moderne selbst befindet sich seither in der Krise.

Aber auch emotionale Werte waren betroffen: Mit der Kritik an der vorgeblichen Unaufhaltsamkeit technologischen Fortschritts, den Zweifeln an seiner uneingeschränkt heilbringenden Wirkung und dem Kampf gegen die mit ihm verbundenen wirtschaftlichen Abhängigkeiten und Ausbeutungsverhältnisse schienen für viele plötzlich die Reste vorindustrieller Strukturen alternatives Fortschrittspotenzial zu bieten. Aber wo eine technologische Reaktion nicht das Mittel der Wahl ist, wird es schwierig: Hinter der besseren Kontrolle von Energie- oder Stoffkreisläufen taucht die Frage nach dem ‚guten Leben' auf, und die Vermutung, dass dieses auf Kosten der Biosphäre nicht realisierbar ist. Folglich geht es auch um andere Bestände, die nicht nur, wie Rohstoffe, begrenzt, sondern auf schwer verständliche Weise fragil sind: um Organismen und Ökosysteme (Atmosphäre, Wasser, Boden und alles, was darauf aufbaut); aber vor allem auch um die anthropogenen Systeme, die mit diesen untrennbar verbunden sind und sie via Quantität und Technologie in unkontrollierbarer Weise beeinflussen: Gesellschaften und ihre Artefakte, Städte, Landschaften.

Handarbeit und Landleben waren nun nicht mehr muffig und reaktionär, sondern sexy und emanzipatorisch. In der Stadt wurden ‚Planquadrate', deren Bestände wenige Jahre zuvor den meisten noch als hoffnungslos überholt gegolten hatten, als wertvolle Viertel wiederentdeckt und gegen Kahlschlag-Sanierungen verteidigt, als Potenziale einer ‚sanften Stadterneuerung' und als kulturelle Ressourcen, die einer in Entstehung begriffenen kreativen Szene als Rückhalt und als Raum zur Entfaltung dienten. Dieselbe Szene verwandelte rückständige Landstriche in Rückzugsräume mit dem Versprechen touristisch (noch) unverbrauchter Landschaften. Auch wenn die Skepsis der ansässigen Bevölkerung anfänglich groß war: Eine Kultur, die der ‚Mutter Erde' gerecht würde, konnte nur von unten, unter Teilhabe aller, aus den ‚patterns' des Alltags wachsen. So romantisch derartige Bewegungen heute anmuten mögen, hatten sie doch ihren realen Hintergrund, nicht nur im Sinn einer kompensatorischen Logik gegenüber einem gesellschaftlichen ‚Mainstream', sondern auch im Bewusstsein, dass als rational richtig Erkanntes auf Dauer unwirksam bleibt, wenn es nicht in eine (alltags-)kulturelle Praxis, ein geteiltes ‚Lebensgefühl' einfließt.[1]

Unter dem Schock der Erkenntnis der „Grenzen des Wachstums" eröffnete sich Ende der 1970er Jahre die Chance auf ein politisches Projekt, das sich außerhalb der seit dem 19. Jahrhundert etablierten ideologischen Koordinatensysteme bewegte und als einziges Antworten auf die Fragen des ausgehenden 20. (und des beginnenden 21.) Jahrhunderts zu geben schien. Das politische Projekt der Ökologiebewegung war das einer Gesellschaft und Wirtschaft, die aus der Anerkennung dieser Grenzen Konsequenzen für einen radikalen Paradigmenwechsel zog, der technologischen Fortschritt und materielles Wachstumsstreben als Imperative verabschiedete, da sie mit einer neuen Lebensqualität ‚im Einklang mit der Natur' in Konflikt standen.

Stärke und Schwäche dieses Projekts war es von Anfang an, ohne ausformulierte Ideologie auskommen zu müssen und teils auch zu wollen, was sicher den Vorteil hatte, offen zu bleiben für neu auftauchende Themen und Probleme innerhalb eines Komplexes von Phänomenen, die in ihrer Überschneidung naturwissenschaftlicher, gesellschaftspolitischer und kultureller Fragestellungen nicht nur weitgehend unerforscht waren, sondern sich vielleicht auch aus prinzipiellen Gründen einer konsistenten Theoriebildung entziehen. Strategisch gesehen war diese Offenheit aber ein fast unüberwindliches Problem: Einerseits fand die Bewegung rasch Zulauf aus unterschiedlichsten politischen Lagern (auf Seiten der extremen Rechten wie Linken durchaus auch aus rein opportunistischen Motiven), andererseits musste sie auch zwischen die Fronten geraten: Was Linken verdächtig nach bürgerlichem Reformismus roch, da witterten Bürgerliche linkes Revoluzzertum. Außen- und Innenwahrnehmung waren hier nicht weit voneinander entfernt, und zumindest auf Österreich bezogen kann man die politische Genese der Grünen damit ohne Zweifel auch als ein letztes Kapitel der großkoalitionär und sozialpartnerschaftlich geprägten Nachkriegsgeschichte betrachten. Die jahrelangen, mit allen Mitteln der politischen Intrige, der Agitation, aber auch der inhaltlichen Auseinandersetzung ausgefochtenen Flügelkämpfe haben bis heute, trotz oberflächlicher Einigung, ihre immer wieder aufbrechenden Nachwirkungen. Die mühsam errungene offizielle Linie, die eine pragmatische Grundhaltung mit utopischem Überbau verrät: weder Klassenkampf noch Wettbewerb, keine Heilsversprechen für eine irdische oder himmlische Zukunft, sondern ein solidarisch, basisdemokratisch, gewaltfrei und in Vielfalt geführter Kampf gegen Mächte, die alle sozialen Gruppen gleichermaßen bedrohten. Ausgehend von der Anerkennung der Begrenztheit und Fragilität unserer Lebensgrundlagen, sollten deren Bestände in materieller wie in kultureller Hinsicht geschont werden, um ein gutes Leben für alle zu erreichen: Gemeinwohl im Hier und Jetzt dieses Planeten für uns und die nachkommenden Generationen. An diesen Grundsätzen hat sich bis heute im Wesentlichen nichts geändert.

Die im Zeitalter der Industrialisierung aus den Grundsatzfragen der Aufklärung entwickelten politischen Systeme rangen vor allem um Fragen der Entfaltungs*möglichkeiten* für Einzelne und für gesellschaftliche Verbände. Auf ihrer Agenda stehen daher bis heute in erster Linie Fragen der ökonomischen und politischen Machtverteilung. Demgegenüber schiene es erwartbar, dass ein politisches Programm, das die konkreten materiellen und kulturellen Lebens*bedingungen* aller auf lange Sicht im Auge hat, vor allem Raum- und Stadtplanung, aber auch Architektur zu seinen zentralen Anliegen zählen sollte. Nicht zufällig hatten sich zahlreiche Initiativen, aus denen die politische Ökologiebewegung hervorgegangen war, gerade um Anlassfälle aus diesen Bereichen formiert. In den Parteiprogrammen ist davon allerdings nichts zu lesen. Das erste offizielle Programmpapier der Grünen Alternative vor der Nationalratswahl vom Oktober 1986, zu der die mühsam von Dichand-Freund Günther Nenning noch vor der wenige Monate zuvor abgehaltenen Bundespräsidentenwahl zusammengebrachten Gruppierungen zum ersten Mal als „Liste Freda Meissner-Blau“ antraten, das „offene Kurzprogramm“, verliert auf seinen knappen 16 Seiten über die Probleme der Städte, über verödete Zentren und spekulative Projekte, Zerstörung oder Leerstand nutzbarer Areale, die Aufgabe des öffentlichen Raums an den motorisierten Individualverkehr ebenso kein Wort wie über Zersiedlung und wachsende Speckgürtel. Raum- und Stadtplanung ist kein Thema (von Architektur ganz zu schweigen), obwohl gleich in der Grundsatzerklärung auf Seite 1 zu lesen ist: „Umweltpolitik ist die Erhaltung und Sicherung unserer Lebensgrundlagen und muss daher in allen Bereichen der Gesellschaft wirksam werden.“ Vergessen oder wahltaktisch für irrelevant erachtet waren anscheinend schon damals die Erfolge, die an den Anfängen dieser Bewegung als neue politische Kraft gestanden waren: Weder das erfolgreiche Volksbegehren zum Sternwartepark, die Hausbesetzungen oder die Arena-Bewegung noch der Kampf der Bürgerliste von Herbert Fux gegen spekulative Bauprojekte in Salzburg oder Johannes Voggenhubers architekturpolitische Pionierleistungen als Salzburger Stadtrat im Sinne einer nachhaltigen Baukultur finden auch nur das geringste Echo. Der Gründungsmythos setzt dagegen unter anderem auf den Kampf gegen das Donaukraftwerk Hainburg, an dem die konkurrierenden Vorläuferparteien der Grünen Alternative eingestandenermaßen keinen wesentlichen Anteil hatten.

Man könnte hier einwenden, dass dieses Programm durch die Vorverlegung der Wahl damals unter großem Zeitdruck entstand. Das „umfassende Grundsatzprogramm“, das in diesem „vorläufigen Ergebnis unserer Zusammenarbeit“ für die „kommenden Monate“ angekündigt wurde, kam nicht zustande. Das Wahlprogramm für die Nationalratswahl 1990 wurde von vielen als Abkehr von den radikalen Forderungen und Haltungen gewertet und Autorin Sonja Puntscher-Riekmann, deren volkswirtschaftlich relativierte, im ökologischen Sinn konsequente Forderung nach einer Verdoppelung des Benzinpreises auf 22 Schilling pro Liter in einem Fernsehinterview den Wahlausgang negativ beeinflusst haben dürfte, ‚entschuldigte‘ sich im Nachwort für zu wenig Utopie und zu viel Pragmatismus.[2] Das grüne Grundsatzprogramm wurde schließlich erst 2001 verabschiedet. Doch weder hier noch in den Wahlprogrammen seit 1999 finden sich ein fassbares grünes Stadtmodell oder Vorstellungen zu Reformen in der Raumplanung. Dabei wäre gerade mit einer länderübergreifenden Raumplanung mit entschiedenem Durchgriffsrecht gegenüber den Gemeinden ein entscheidender Schritt in Richtung einer ökologisch adäquaten Steuerung der Siedlungsräume relativ einfach kommunizierbar. Freilich wäre eine solche Maßnahme weder besonders populär noch basisdemokratisch.

Im bis heute gültigen, 82 Seiten umfassenden Grundsatzprogramm von 2001 gibt es sich einen Absatz, der dem Thema des Raums und der Siedlungsentwicklung gewidmet ist. Demnach erfordern „Nachhaltigkeit und Lebensqualität… in der Raumentwicklung, in Siedlungsstrukturen und der Planung des öffentlichen Raumes eine ‚Politik der kurzen Wege'". Weiter heißt es hier: „Eine stärkere funktionale Durchmischung von Siedlungsgebieten wäre ebenso die Folge wie die Abkehr von immer größeren, an einem Ort konzentrierten Versorgungseinrichtungen. Eine Siedlungs- und Strukturentwicklung, die auf möglichst geringe Verkehrs- und Transportstrecken abstellt, ist gleichzeitig ein wichtiger Anreiz gegen die fortschreitende Zersiedelung der Landschaft und Verhüttelung durch ausufernde Ortsränder und zerfließende Stadtgrenzen." Allerdings: Wie das erreicht werden soll, also was Politik tun könnte, dass „möglichst kurze Wegstrecken zurückzulegen sind" und die „Einrichtungen des täglichen Lebens… wieder in die Nähe" rücken, bleibt unklar. Wie um diesen Ansatz gleich wieder aufzuheben, liest man weiter unten: „Geringe Transportkosten haben auch zu einer Konzentration von Bevölkerung und Arbeitskräften geführt. Damit verbunden ist der Funktionsverlust von ländlichen Räumen, einzelner Industrieregionen und Stadtvierteln." Sind diese Konzentrationen also gut, wie es eine „Politik der kurzen Wege" vermuten lassen könnte, oder doch schlecht? Beziehungsweise wann und wo und in welcher Form? Antworten auf diese Fragen wären die Basics einer Planungspolitik, die sich ökologische Ziele vornimmt.

Im Wahlprogramm des folgenden Jahres ist all das ohnehin wieder kein Thema mehr und obwohl eine Passage auf die Hochwasserkatastrophen des zu Ende gegangenen Sommers Bezug nimmt, und „Planungsfehler und Ignoranz der verantwortlichen PolitikerInnen" angeprangert werden, fehlt auch hier jeder raumplanerische Ansatz. Von Stadtplanung keine Spur. Und auch was Baufragen betrifft, beschränkt sich das Papier auf „Wohnbausanierung und Wärmedämmung", ohne jedoch, wie auch im Wahlprogramm und im Umweltprogramm von 2006, in irgendeiner Weise auf die ökologische Zeitbombe der seit Jahrzehnten verwendeten Materialien im Vollwärmeschutz einzugehen. Die Broschüre „Grüne Technologie", die sehr bemüht ist, jeden Verdacht der Technologie- und Innovationsfeindlichkeit zu zerstreuen, nur um dann doch zahlreiche ethisch-moralische und ökologische Vorbehalte anzuführen, setzt zwar auf die Entwicklung „umwelt- und gesundheitsverträglicher Alternativstoffe", aber auch hier, ohne auf das allein quantitativ enorme Problem der Vollwärmeschutzmaterialien einzugehen.

Ansonsten werden Themen, die mit dem Bauen zu tun haben, in einigen Papieren allenfalls durch einzelne Absätze zur Wohnbauförderung oder zum Mietrecht gestreift. Und im Wahlprogramm 2013 gibt es ein Bekenntnis zu „einer Baukultur, die vor allem der Zersiedelung entgegen wirkt", was auch immer man sich darunter vorstellen mag.

Abgesehen von den schwierigen Fragen einer ‚grünen' Architektur, jenseits der Klischees des grob Gestrickten und der letztlich doch wieder technologischen – und durchaus gerade vom ökologischen Standpunkt aus problematischen – Lösungen der ‚Energieeffizienz', sind auch die positiven, praktischen Beispiele auf dem Gebiet der

Raum- und der Stadtplanung bisher rar geblieben. In Österreich stehen die Initiativen Johannes Voggenhubers als Planungsstadtrat in Salzburg in den 1980er Jahren nach wie vor ziemlich alleine da. Bei Voggenhuber finden sich auch die einzigen, konkreten Ansätze eines grünen Spitzenpolitikers, was den Umgang mit der bestehenden Stadt (jenseits der Wärmedämmungsfragen) betrifft, also mit *dem* ökologisch relevanten Thema der Architektur überhaupt. Immerhin ist das Bauen die bei weitem materialintensivste Technologie des Menschen und eine neue Stadt für jede Saison oder auch nur für jede Generation, wie es die Futuristen Anfang des 20. Jahrhunderts gefordert hatten, würde eine ökologische Katastrophe unvorstellbaren Ausmaßes bedeuten – und wäre die Stadt auch aus den ‚ökologischsten' Materialien gebaut. Eine eingehende Auseinandersetzung mit der Bestandsfrage ist also für eine ernstzunehmende grüne Politik unerlässlich. So wichtig die Tätigkeit des Gestaltungsbeirats in Salzburg unter Voggenhuber war und so richtig sein konkret kontextbezogener Ansatz, so sind doch auch in seiner Auffassung dieses Kontexts typische Wahrnehmungsschranken festzustellen, die auf grundlegende Widersprüche zwischen einem weit verbreiteten grünen Selbstverständnis und einer ökologisch konsequenten Haltung zum Bestand hinweisen. So endet seine Interpretation des ‚Genius Loci' Salzburgs vor der Gründerzeit. Was dann folgt ist ausschließlich ‚Stadtzerstörung' zunächst durch ein „Syndikat von Großgrundbesitzern, Kaufleuten und Bauspekulanten", dann, 1937, durch die Eingemeindung der Umlandgemeinden und schließlich durch den Flächenwidmungsplan von 1960.[3] Anstatt von der grundsätzlichen Anerkennung des Bestands auszugehen und über eine eingehende Analyse zu einer erweiterten Interpretation der lokalen Qualitäten der Stadt (und schließlich vielleicht auch einer ‚Ausmusterung' einzelner ihrer Bestandteile) zu kommen, wird das Bild Salzburgs, das zugleich Leitbild sein soll, auf die vorindustrielle Schicht beschränkt. Ist es Zufall, dass der Schnitt mit dem (bürgerlichen und in architektonischer Hinsicht historistisch-akademischen) Industriezeitalter gemacht wird?

Johannes Straubinger stellt in seiner Kritik an Voggenhubers Interpretation des Salzburger Genius Loci zurecht fest, dass man diesem nicht durch Unterteilung der „Salzburger Architekturgeschichte in ein Goldenes Zeitalter des Barock und ein finsteres Zeitalter der Grundstücksspekulation" gerecht werde und dass der gründerzeitliche Historismus auch als „Demokratisierung der herrschaftlichen Baugesinnung" zu sehen sei. Der bilderstürmerische Reflex, der bei Straubinger in dem Zusammenhang aber anklingt, wenn er pauschalisierend meint, dass „zu allen Zeiten … die Architektur den sozialen Emporkömmlingen zur Statusrepräsentation" diente, führt allerdings zu den gleichen Verwechslungen von Ursache und Wirkung zurück, die er an Voggenhubers Ausführungen bemängelt.[4] Denn abgesehen davon, dass so eine Aussage in ihrer Generalisierung auch sachlich unhaltbar ist, da in der Architekturgeschichte kaum Beispiele zu finden sein werden, deren Ursprung ausschließlich auf „Statusrepräsentation" reduziert werden kann, ignoriert diese Haltung eine der grundlegenden Eigenschaften von Architektur überhaupt, nämlich dass sie, wie Rafael Moneo glasklar dargelegt hat, einmal fertiggestellt, den Bedeutungsgebungen der Nutzer und der Gesellschaft gegenüber offen ausgesetzt ist, was auch immer die ursprünglichen Motivationen gewesen sein mögen.[5] Wenn sie sich in dieser ‚Solitude' bewährt, wird sie sich im Lauf der Generationen von ihren ursprünglichen Entstehungsgründen vollständig lösen und nicht selten ihre Zuschreibungen

Eine eingehende Auseinandersetzung mit der Frage des Stadtbestandes ist also für eine ernstzunehmende grüne Politik unerlässlich.

(Nutzungen, Repräsentationen usw.) auch in radikaler Weise ändern und umkehren. Diese immaterielle (aber auch materielle) Interpretations- (bzw. Umbau-)Geschichte macht geradezu das Wesen von Architektur aus. Wer dagegen Architekturen oder Städte auf ihre ‚ursprünglichen' Motivationen reduzieren und sie daraus abgeleiteten ‚moralischen' Urteilen unterwerfen wollte, müsste in letzter Konsequenz dem atavistischen kulturellen Terror recht geben, wie er heute wieder von Al Qaida oder „Islamischem Staat" an Kulturzeugnissen verübt wird, die von ihnen mit ihrer Auffassung nach überholten Ideologien oder Gesellschaften identifiziert werden. Etwas aufgeklärtere Geister würden vielleicht die Gnade der ‚Toleranz' vor das angemaßte Recht zur Zerstörung ergehen lassen. Als Gegenentwurf gegen das reduktionistische Geschichtsverständnis der Gleichzeitigkeit, aus dem der Ungeist der Erlösungsverheißungen spricht, der Ressentiments gebiert, kann Hans Magnus Enzensbergers am Bild der „Bäcker-Transformation" entwickeltes Geschichtsmodell empfohlen werden.[6]

Gerade insofern, als Artefakte einer alltagskulturellen Schicht entstammen oder mit dieser in Berührung stehen, wo also nicht explizite künstlerische Intentionen, sondern gesellschaftliche Konventionen die Motivationslage bestimmten, erklären sich ihre aktuellen Qualitäten nicht aus den Produktionsbedingungen. Sie werden vielmehr aus den Interpretationsfähigkeiten und -möglichkeiten von Generationen von Nutzern und insbesondere der gegenwärtigen Interpreten bestimmt. Wer eine notwendige Gleichzeitigkeit zwischen den lebenspraktischen oder geistigen Ansprüchen einer aktuellen (oder künftigen) Gesellschaft und der irrigerweise objektivierbar gedachten semantischen Schicht überkommener Artefakte behauptet, sitzt einem alten, funktionalistischen Vorurteil auf, das gerade von einem ökologischen Standpunkt aus als unhaltbar feststehen sollte. Gegenüber den linearen Systemen der klassischen Physik zeichnen sich ökologische wie kulturelle Systeme durch Ungleichzeitigkeiten aus. Wer verstanden hat, dass Eingriffe in Ökosysteme aufgrund deren Komplexität und Mehrdimensionalität unkalkulierbare Folgen haben, sollte mit einer Übertragung auf kulturelle Belange keine Schwierigkeiten haben, vorausgesetzt er verabschiedet sich ein stückweit vom libertinären und hedonistischen Dogma eines unbegrenzten Rechts, seine Lebensumstände nach Belieben zu gestalten.

Das Grundsatzprogramm von 2001 könnte hier durchaus Ansätze bieten: „Da Naturvorgänge hochgradig komplex sind, muss unser Wissen über die Welt notwendig unvollständig und fehlbar bleiben. Damit werden ein bleibendes Ungewissheitsmoment und die Möglichkeit unerwarteter Rückkoppelungen zu ständigen Begleitern menschlichen Handelns, denen wir Grüne mit Vorsorge und der Orientierung an einem behutsamen Eingriff als handlungsleitende Prinzipien begegnen", heißt es da etwa, oder: „Das Recht der Menschen, autonom entscheiden zu können, wie sie leben wollen, das Recht der Staaten, ihren Entwicklungsweg selbst bestimmen zu können, endet dort, wo sie die Selbstbestimmung und Autonomie anderer (auch künftiger Generationen) einschränken und Existenzmöglichkeiten (auch anderer Teile der Natur) begrenzen." Es finden sich auch brauchbare Ansätze zum Kulturbegriff: „Kultur entsteht aus der ständigen Begegnung und Auseinandersetzung der Menschen mit der realen Welt, mit ihrer menschlichen wie natürlichen Umgebung und verändert sowohl diese als auch die Menschen selbst." Kultur entsteht also, kurz gefasst, aus Kultur – l'architettura sono le architetture, wie Aldo Rossi meinte. Das heißt aber auch, dass es individuelle oder kollektive Auseinandersetzungen geben kann, deren Syntheseleistung ihnen erlaubt, aus ihrem konkreten kulturellen Kontext herauszutreten und eine Lesbarkeit zu erreichen, die andere Formen der Interpretation erfordert. Das ist es, was wir, über jede Offenheit mit der dieser Begriff seit Beginn des 20. Jahrhunderts verwendet wird hinaus, Kunst nennen, oder, in der Gesamtheit künstlerischer Leistungen, Hochkultur. Dass diese mit Abendroben und dem Wir-Gefühl von Hof- oder Beiräten nicht mehr zu tun hat als eine Parteitagsentscheidung mit der Anzahl grüner oder oranger T-Shirts bei den Delegierten, sollte angesichts der da und dort auftauchenden Attacken auf einen ‚bürgerlichen' Kunstbetrieb in den grünen Parteipapieren nicht vergessen werden.

Während im Bereich landwirtschaftlicher Kulturen sogar die Existenz eines ‚Kulturerbes' anerkannt werden kann,[7] scheint gegenüber der Kunst, jedenfalls mit hochkulturellem Anspruch, selbst wenn sie zeitgenössisch ist, ein gewisses Distanzbedürfnis zu bestehen, das wohl damit zusammenhängt, dass hier die etablierten Vorstellungen von Partizipation oder Kollektivität versagen – wobei das auch Anlass sein könnte, diese Vorstellungen zu überdenken und zu diversifizieren. Popkultur wird, ungeachtet ihres engen kommerziellen Korsetts, als Gegenstand von Kulturpolitik für wichtiger erachtet als Hochkultur. Die unklaren Abgrenzungen zwischen Kunst und Kultur führen auch zu der hegemonialen Auffassung, wonach „hinter den verschiedenen Vorstellungen von Kunst immer auch Weltanschauungen und Lebensentwürfe" stünden.[8] Eine Assimilation von Kunst und Leben oder Kunst und Ideologie in einem Parteiprogramm muss jedenfalls in Kenntnis der Geschichte des 20. Jahrhunderts mit Skepsis betrachtet werden, auch wenn Pluralität und Diversität noch so eifrig beschworen werden. Aber auch eine allzu enge Kopplung kultureller und gesellschaftlicher Belange, wie sie Diversitätsdiskurse auch im Kontext eines grünen Selbstverständnisses durchblicken lassen und die in den Programmen durchgängig ihren Niederschlag findet, kann sich, angesichts der relativ stabilen Struktur insbesondere traditionell oder religiös geprägter kultureller Praxen gegenüber erstrebenswerten gesellschaftlichen Veränderungen, als Bumerang erweisen.

Generell verweisen die Konzepte im Bereich von Kunst und Kultur – und das Fehlen derartiger Konzepte in Planungsfragen – auf eine mangelnde Bereitschaft anzuerkennen, dass gerade in hochentwickelten, arbeitsteiligen und stark diversifizierten Gesellschaften jenseits aller Andersheiten Konsens über zahllose Belange umso notwendiger wird. Und dass dieser Konsens insbesondere in Stadtplanungsfragen und unter dem Einfluss finanzieller Interessen und komplexer Machtgefüge in aller Regel nicht durch ein wohlgeordnetes Aushandeln auf Augenhöhe erreicht wird, sondern durch dominante, mehr oder weniger unbewusst übernommene Leitbilder, wobei sich die Frage stellt, wie diese ihre Dominanz erreicht haben. Dieser Frage geht Rudolf Kohoutek in seinem nachfolgenden Essay unter dem Titel „Urbanistischer Somnambulismus" auf der Suche nach dem „städtebaulichen Grundkonsens" nach.

Denkanstöße wären im Grundsatzprogramm von 2001 vorhanden. Denkwiderstände werden allerdings auch deutlich. Jedenfalls wurde es verabsäumt, die allgemeinen Ansätze, insbesondere aus den Kapiteln zur Ökologie, auch konkret auf raumplanerischem, städtebaulichem, baukulturellem oder architektonischem Gebiet weiterzudenken. Der erste Versuch, so etwas wie eine grüne Stadtplanung in Wien zu praktizieren, zeigt die Folgen dieses Versäumnisses.

Es ist hier nicht der Platz, über die soeben zu Ende gehenden fünf Jahre der grünen Verantwortung für das Planungsressort in Wien kritisch Bilanz zu ziehen. In einer Periode starken Zuzugs, explodierender Immobilienpreise und knapper öffentlicher Budgets wäre jedenfalls jeder Planungsstab gefordert. Aber wenn schon vor der Halbzeit der Amtsperiode seitens einer zunächst positiv erwartungsvoll gestimmten Fachwelt massive Kritik an einigen Projekten laut wurde, dann kann zumindest gesagt werden, dass ein großer Vertrauensvorschuss verspielt wurde. Bereits der Abgang der grünen Planungssprecherin Sabine Gretner, die jahrelang aus der Opposition heraus die SP-Planungspolitik kompetent kritisiert hatte, unmittelbar nach der Koalitionsbildung mit der mächtigen Mehrheitspartei, ließen Zweifel aufkommen, ob das neue Team das Wissen und die Schlagkraft habe, einen riesigen Beamtenapparat auf eine neue Planungskultur einzuschwören. Dennoch war schnell klar: die kritisierten Fehlentwicklungen können nicht einfach aus Überforderung erklärt werden oder allein als ungeliebtes Erbe der SPÖ-Alleinregierung durchgehen. Sie sind mehr als bloße Fehlgriffe oder bedauerliche Einzelfälle. Auch kann man der Stadträtin Maria Vassilakou, neben Stadtplanung auch für Bürgerbeteiligung und etliche andere Agenden zuständig, und Planungssprecher Christoph Chorherr sicher nicht mangelndes Engagement und Passivität vorwerfen. Ihr Einsatz galt aber gerade auch Projekten, die noch vor kurzem mit grüner Stadtplanung gänzlich unvereinbar erschienen wären. In die Kritik sind vor allem zwei Projekte geraten, die exemplarisch für eine große Anzahl weiterer laufender Vorhaben stehen und darüber hinaus für eine allgemeine Haltung zur Planung: Das Projekt „Danube Flats“ der Soravia-Group an der Reichsbrücke und das „besondere Projekt“ der WertInvest-Gruppe Michael Tojners am Heumarkt zwischen dem Hotel InterContinental und dem Konzerthaus.

Das Programm der ÖGFA, das in diesen UMBAU auszugsweise Eingang gefunden hat und den Fragen nach dem „Geschäft mit der Stadt“ ein Jahr lang eine Reihe von Vorträgen, Diskussionen und Begehungen widmete, wurde unter anderem von diesen Projekten bzw. von den Protesten dagegen veranlasst, die seit 2013 so gut wie alle unabhängigen Architekturinstitutionen der Stadt und eine Reihe prominenter Fachleute zusammengeführt haben. Die Chronik dieser Ereignisse geben wir im Anschluss wieder. Was die beiden Projekte verbindet, ist

1. massive Hochzonung und Verdichtung mit entsprechenden Widmungsgewinnen eines privaten Grundeigentümers / Investors
2. Widerspruch zu geltenden Leitbildern oder Konzepten
3. Nachträgliche Rechtfertigung durch einen Masterplan oder ein überarbeitetes Leitbild
4. Vom Investor dominierte städtebauliche Rahmenplanung
5. Sehr prominente Lage
6. Schwerpunkt auf Luxuswohnungen

Bei beiden Projekten haben sich Investoreninteressen massiv durchgesetzt und die Entwicklung bis auf wenige Zugeständnisse bestimmt, soweit nicht durch unveränderliche Verträge oder technische Rahmenbedingungen Grenzen gesetzt waren. Beide Projekte hatten und haben auch die Unterstützung der Massenblätter der Stadt (insbes. *Kronen Zeitung* und *Heute*), mit deren HerausgeberInnen die Investoren geschäftlich verbunden sind. Auch die Verfahren waren in beiden Fällen ins Kreuzfeuer der Kritik geraten.

Das mittlerweile bereits gewidmete Projekt „Danube Flats“ kehrt den bestehenden Leitplan des aus den 1990er Jahren stammenden Wohnparks Neue Donau um 180 Grad um und sieht anstatt einer Abtreppung der Gebäudehöhen zur Donau mit einem 150 Meter hohen Turm das bei weitem höchste Gebäude innerhalb dieser Wohnbebauung vor. Eine bestehende ‚beste Lage‘ wird zugunsten eines Investors und zum Schaden des benachbarten Wohnungseigentums besetzt. Nach dem mit der Stadt Wien vereinbarten städtebaulichen Vertrag werden auf die Nutzflächen umgelegt ca. 280 Euro/m^2 für Maßnahmen im öffentlichen Interesse bereitgestellt, wovon allerdings ca. 180 Euro/m^2 ohnehin für das Bauvorhaben notwendige Begleitmaßnahmen darstellen. Christoph Chorherr sieht das Projekt und die Verhandlungen dennoch als „beachtliche Sache“.

Im Fall des Projekts beim Hotel InterContinental, derzeit in der Phase der Begutachtung des Gründrucks, ist das Kernstück ohne das sich, so der Investor, „das Projekt nicht trägt“, ein Luxuswohnturm in der dreifachen Höhe der umliegenden Ringstraßenbebauung. Was hier maximal verwertet werden soll, ist, neben der „Top-Lage“ der „Blick über die Dächer Wiens“ – ein Vergnügen, das darin besteht, alles unterhalb dieser Dächer zu deklassieren. Dass dieser exklusive Vorteil eines Investors, den Luftraum über den Dächern, der allen gehören sollte, zu okkupieren, zum Nachteil des öffentlichen Raums im unmittelbaren Umfeld gerät, vor allem aber eine gravierende Störung der Wirkung des fein austarierten Gleichgewichts aus Baublöcken, Monumenten und Freiräumen der Ringstraßenanlage bringen wird, scheint vom Planungsressort genauso wenig wahrgenommen zu werden, wie der Bruch mit den Rahmenbedingungen der UNESCO-Welterbestätte Historisches Zentrum von Wien, deren Respektierung bereits zwei Mal auf den jährlichen Konferenzen des Welterbe-Komitees eingemahnt wurden. Dass das eher klobig geratene Luxuswohnhochhaus fast genau auf der Achse des zur Innenstadt hin abfallenden Belvederegartens zu stehen kommt, ist da nur noch ein Extra mehr dieser Extraklasse.

Der Verfahrensaufwand der bisherigen Planung ist in diesem Fall beachtlich, allerdings ohne inhaltlich auch nur die geringste Abweichung von den seit Beginn des kooperativen Expertenverfahrens feststehenden Wünschen des Investors gebracht zu haben. Der nachfolgende zweistufige Wettbewerb, der im Februar 2014 entschieden wurde, bestätigte fast exakt die Volumetrie des Ergebnisses des Expertenverfahrens, die nicht einmal die teilnehmenden Planungsteams überzeugt hatte. Das Siegerprojekt des Wettbewerbs leistet sich dafür den Luxus einer offensichtlichen Verletzung der Auslobungsbedingungen, indem die lukrative Bebauung (Hochhaus und Hotelerweiterung) den vertraglich abgesicherten, aber nicht gewinnbringenden Wiener Eislaufverein, seit dem 19. Jahrhundert hier als Mieter ansässig, mit einem an die 1000 m^2 großen Stück seines Platzes in den Straßenraum abdrängt.

Nicht nur die dadurch notwendige Verlegung der Fahrbahn der Lothringerstraße, die aufgrund des unterhalb befindlichen Wienflussgewölbes einen hohen Aufwand und das Risiko einer veränderten Höhenlage bedeutet, wird der Öffentlichkeit als ‚Mehrwert' des Projekts verkauft. Auch die Sommernutzung des Eislaufplatzes soll ‚öffentlich' werden, Fitness- und Spa-Einrichtungen werden angepriesen, ebenso ein unterirdischer Turnsaal für das benachbarte akademische Gymnasium, den dieses gar nicht braucht. Der zu erwartende Gewinn allein aus den obersten Geschossen des Wohnturms wird alle diese ‚Geschenke' an die Wienerinnen und Wiener um ein Vielfaches übertreffen.

Die besondere Gefahr dieses besonderen Projekts besteht aber in dem als nachträgliche Rechtfertigung (in offizieller Diktion „Rahmensetzung") angelegten Masterplan vom November 2014 für den gesamten Ringstraßenbereich. Wiederum sind es sogenannte „Mehrwerte" für die Öffentlichkeit, die darin als ausreichende Gegenleistung für die Gewährung von „Zusatzvolumen" ohne Höhenbegrenzung im Bereich aller bestehenden Baublöcke und für die Entwicklung neuer Standorte angegeben werden. Überlagert man diese „Entwicklungspotenziale" mit der de facto Auflösung jeglicher räumlicher Einschränkungen für die Entwicklung von Hochhäusern auf dem Wiener Stadtgebiet, die im fast zeitgleich verabschiedeten neuen Hochhauskonzept durch das Prinzip der Einzelfallprüfung ersetzt wurden, dann ergibt sich ein Bild eines ‚Maßstabssprungs' im Zentrum von Wien, der zwar in Fachdiskussionen und -publikationen schon mehrfach von Personen aus dem Umfeld des Planungsressorts beschworen wurde, ohne aber je in einem größeren Kontext öffentlich argumentiert worden zu sein. Das Bevölkerungswachstum Wiens muss als Argument hier wohl ausfallen, die „Politik der kurzen Wege" wäre bei dem Preisniveau der an diesem Standort erwartbaren Immobilien auch nicht realistisch. Die Angst, Investoren zu verlieren, wurde zwar von Maria Vassilakou in Gesprächen angeführt, ist aber angesichts des Zustroms globaler Investments weder glaubwürdig noch ein Zeichen stadtplanerischer Argumentation.

Dem ‚besonderen Projekt' könnte also als Pilotprojekt einer Entwicklung, die weder jemals geplant noch partizipativ ausgehandelt wurde, tatsächlich die besondere Rolle eines Argumentationsersatzes zukommen, einer Überredung durch vollendete Tatsachen, die eine Lücke in der Wahrnehmung ökologisch motivierter stadtplanerischer Zielsetzungen füllen soll. Diese Lücke ist mit dem Bestand deckungsgleich, genauer gesagt mit den ‚hochkulturell' punzierten Beständen – und dazu zählt die Ringstraßenanlage ohne Zweifel trotz oder gerade wegen der unvergleichlich großen Bandbreite und Dichte an Nutzungen. Da diesen Beständen kein positiv besetzter, spezifischer Wert zugeschrieben wird, springt die Verwertung an und ein. Wo Grüner Politik Modellvorstellungen fehlen, haben trendige Geschäftemacher im Luxussegment freie Bahn.

1 Parallel zu dem, was als Protestbewegung begann und als individueller oder kollektiver Befreiungsakt von den autoritären Strukturen und ‚Sachzwängen' einer hochindustrialisierten Gesellschaft erlebt und gefeiert wurde, liefen aber auch andere gesellschaftliche und wirtschaftliche Wandlungsprozesse, die mit der Ökologiebewegung mehr Überschneidungen haben als es auf den ersten Blick vielleicht scheint. Mit dem Ende des Fordismus, der keynesianisch geprägten Wirtschaftspolitik und der Vollbeschäftigung einerseits und dem Einbruch der Nachfrage nach Gebrauchsgütern bei einem verstärkt auf Luxusbedarf aufbauenden Markt zeichnete eine deregulierte, an Dienstleistungen orientierte Wirtschaft und liberale Gesellschaft ab die seit der massenweisen Verbreitung der digitalen Technologien in den 1990er Jahren als „Wissensgesellschaft" bezeichnet wird.

2 Gerald John, *Vom Widerstand zur Wende: Die Grüne Haltung zur Europäischen Integration,* Diplomarbeit, Universität Wien, 2012, S. 51.

3 Johannes Voggenhuber, *Berichte an den Souverän. Der Bürger und seine Stadt*, Salzburg 1988, S. 35 ff.

4 Johannes Straubinger, *Sehnsucht Natur: Ökologisierung des Denkens*, 2009, S. 181–186.

5 Rafael Moneo, *The Solitude of Buildings*, Kenzo Tange Lecture, Harvard University Graduate School of Design, 9.3.1985; deutsche Übersetzung im Ausstellungskatalog: Rafael Moneo, *Bauen für die Stadt*, Akademie der bildenden Künste Wien, 1993, S. 13–17.

6 Hans Magnus Enzensberger, „Vom Blätterteig der Zeit. Eine Meditation über den Anachronismus" (1996), in: ders., *Zickzack*, Stuttgart 1999.

7 „Eine solche Neuorientierung der Agrarpolitik versteht bäuerliche Landwirtschaft als ‚Agrikultur', als Kulturerbe." Grundsatzprogramm der Grünen 2001, S. 27

8 Grundsatzprogramm 2001, S. 46.

Elise Feiersinger / Andreas Vass

Logbuch zur Kritik am Geschäft mit dem Stadtbestand

12.01.2012 **ZV-Werkvortrag Reinhard Seiß** im bene Forum zu den „Hotspots“ der städtebaulichen Planungen in Wien.

13.01.2012 **Rundmail von Otto Kapfinger** ausgehend von einem Kommentar zu Seiß‘ Vortrag und zur anschließenden Diskussion; Kapfinger richtet an die Wiener Architekturinstitutionen die Aufforderung, die stadtpolitischen, städtebaulichen, stadtplanerischen Fragen ins Zentrum ihrer Veranstaltungsprogramme zu stellen.

07.03.2013 **Offener Brief von Otto Kapfinger** zur unkritischen Falter-Berichterstattung über die Ausstellung zum Kooperativen ExpertInnenverfahren Hotel InterContinental – Wiener Eislaufverein (9/13: Eislaufverein: Was kommt zwischen Interconti und Konzerthaus? von Barbara Toth); zum ersten Mal artikuliert sich in der Fachöffentlichkeit Kritik am Verfahren, lebhafte E-Mail-Diskussionen in den folgenden Tagen (u.a. vehemente Kritik von Dietmar Steiner), aus der die Initiative einer öffentlichen Veranstaltung bzw. eines offenen Briefes der Wiener Architekturinstitutionen hervorgeht.

18.03.2013 **Vorstandssitzung der ÖGFA:** Grundsatzbeschluss, in der Sache aktiv zu werden, wenn möglich gemeinsam mit den anderen Wiener Architekturinstitutionen

22.03.2013 **Kommentar von Otto Kapfinger** in Falter 12/13 als Antwort auf die Falter-Berichterstattung in Ausgabe 9/13

28.03.2013 **Folgebeitrag zum Thema** in Falter 13/13 mit kritischen Kommentaren von Martin Kupf (Gesellschaft für Denkmal- und Ortsbildpflege), Markus Landerer (Initiative Denkmalschutz), Dietmar Steiner (AzW), Andreas Vass (ÖGFA) und Pro-Stimmen von Daniela Enzi (Wertinvest), Rudolf Scheuvens (TU-Wien, Vorsitzender des Bewertungsgremiums), Maria Vassilakou (Vizebürgermeisterin und Planungsstadträtin)

Anfang April 2013 **Vernetzung der Architekturinstitutionen:** Die Aufmerksamkeit der Fachöffentlichkeit für diesen Fall zieht immer weitere Kreise, Schärfung der Kritik; auch ein Großteil der am Verfahren beteiligten PlanerInnen zeigt Unzufriedenheit mit dem Verlauf und dem Ergebnis des Verfahrens

19.04.2013 **Offener Brief von Otto Kapfinger** an Maria Vassilakou und eine Runde der involvierten Fachleute als E-Mail betreffend Gesprächsrunde am 23.04.: Unbrauchbarkeit des Verfahrens-„Resultats“ wegen zu großer Kubatur; mangelnde Nachvollziehbarkeit der Wirtschaftlichkeitsberechnungen des Investors; Ablehnung eines Hochhauses an diesem Ort; Infragestellung der „Attraktivierung des öffentlichen Raumes“; Zurückweisung der behaupteten wirtschaftlichen Probleme des WEV; Hinweis auf Kritik der am Verfahren beteiligten ArchitektInnen an der mangelnden Flexibilität des Investors und auf Konflikt mit Weltkulturerbe, das aber erst nach Missachtung der „gesellschaftlichen, stadtpolitischen und stadtplanerischen, städtebaulichen, architektonischen Fragestellung“ relevant würde; aufgeschlossene Haltung zu einer Nachverdichtung für öffentliche

Nutzungen an diesem Ort, aber „in Proportionen" und unter Respektierung des „fait accompli" der Höhe des Hotel Intercontinental als Obergrenze für jede neue Bebauung.

23.04.2013 **Gesprächsrunde in der AzW-Bibliothek** auf Einladung von Vassilakou. Die Kritik der Fachwelt wird von ihr und Christoph Chorherr (Die Grünen) rundweg zurückgewiesen, das „Resultat" von Seiten der Stadt und des Investors als bloße „Visualisierung" bezeichnet.

Anfang Mai 2013 **Beschluss einer gemeinsamen Resolution** der Architekturinstitutionen als offener Brief an Vassilakou.

17.05.2013 **Erster offener Brief der Wiener Architekturinstitutionen an Maria Vassilakou:** Stellungnahme zum Kooperativen ExpertInnenverfahren Hotel InterContinental – Wiener Eislaufverein; Kritisiert wird, in detaillierter Ausführung der im offenen Brief von Kapfinger vom 19.4. genannten Punkte, das Verfahren selbst wie auch sein Ergebnis, die mangelnde Bereitschaft des Investors, von seinen Baumassenerwartungen Abstriche zu machen, und fehlende Untersuchungen zu zahlreichen Fragen der städtebaulichen Verträglichkeit dieser Erwartungen.

23.05.2013 **Pressekonferenz der Architekturinstitutionen** zum Offenen Brief der Architekturinstitutionen; großes Medieninteresse; in der Folge Berichte in mehreren Tageszeitungen.

23.05.2013 **Zweite Gesprächsrunde** mit Maria Vassilakou; dieses Gespräch verläuft im Unterschied zum ersten konstruktiv. Insbesondere bei Vassilakou selbst scheint ein Umdenken einzusetzen. Zum ersten Mal wird die Kritik eingehend angehört. Angekündigt wird ein laufender Diskussionsprozess zur Erarbeitung des Masterplans für den gesamten Ringstraßenbereich, in den die Fachwelt einbezogen, sowie für den Herbst ein Wettbewerb, der in Kooperation mit der Kammer vorbereitet werden soll. Vassilakou sichert zu, dass sie keine Umwidmung auf dem Areal „ohne einen breiten Konsens mit der Fachwelt" veranlassen werde und dass vor dem Wettbewerb die Voruntersuchungen abgeschlossen werden sollen. Weitere Gesprächsrunden sollen folgen.

24.05.2013 **Christian Kühn: „Operation Goldesel"**, Spectrum, *Die Presse*; Kühn, der am Expertenverfahren in einem der Planungsteams teilgenommen hatte, analysiert das Verfahren und das Verhalten der Stadt und des Investors aus der „Innenperspektive" und erklärt sich im Sinn des offenen Briefs der Architekturinstitutionen als entschiedener Kritiker des Vorhabens.

31.05.2013 **Offenes Antwortschreiben von Maria Vassilakou:** Es wird weiterhin Gesprächsbereitschaft signalisiert. Der bisherige Weg wird gerechtfertigt, aber es klingen doch Zweifel an der Angemessenheit der Baumasse durch, wenn es zu den Grundlagen des ExpertInnenverfahrens (die auch nach Abschluss des Verfahrens unverändert geblieben sind) heißt: „...trotzdem blieb ein Anforderungsprofil, das weder inhaltlich noch von den Größenordnungen her ohne weiteres vereinbar schien." Der Brief schließt mit den Worten „In diesem Sinn freue ich mich auf den Dialog, der nun beginnt."

04.06.2013 **Vorgespräch in der Architektenkammer** mit dem Vertreter des Investors, Klaus Wolfinger, und den Verfahrensorganisatoren (phase eins, Berlin) des geplanten Wettbewerbs, mit einem um einige Kritiker erweiterten Teilnehmerkreis. Die Gesprächsbereitschaft des Investors beschränkt sich allerdings weitgehend auf Verfahrensfragen. Das Raumprogramm, die seit den Grundlagen des ExpertInnenverfahrens unveränderte Baumasse oder städtebauliche Vorgaben werden nicht zur Diskussion gestellt. Nach zahlreichen weiteren Gesprächen des Wettbewerbsausschusses mit Wolfinger und phase 1 gelingt es, die Aufgabenstellung betreffend, lediglich, Hinweise auf das Weltkulturerbe und eine Kann-Bestimmung mit Einschränkungen bezüglich Baumasse in den Auslobungstext aufzunehmen, wonach eine Unterschreitung des Raumprogramms keinen Nachteil für die Wettbewerbsteilnehmer darstellen darf, wenn daraus eine städtebaulich überzeugendere Lösung resultiert und die Realisierung des Konzepts wirtschaftlich möglich erscheint. Um den Wettbewerbsteilnehmern eine Einschätzung punkto Machbarkeit zu ermöglichen, wird versprochen, im Rahmen des Auslobungstextes Wirtschaftlichkeitsmerkmale und Hinweise zur Einschätzung der Wirtschaftlichkeit des Entwurfs an die Hand zu geben.

10.06.2013 **Kommentar von Andreas Vass** in *Architektur & Bauforum*: „Forum empfiehlt eine Einmischung der Fachwelt"; Kritik an der Bezeichnung des Masterplans für den Ringstraßenbereich als „Masterplan Glacis" und an der Rechtfertigung eines „Maßstabsprungs".

14.06.2013 **Offene Gesprächsrunde im AzW** zwischen Vertretern der Projektseite und Kritikern. Das Gespräch bringt keine Bewegung seitens der Projektbetreiber. Chorherr wiederholt Vassilakous Zugeständnis, dass ein „Konsens mit der Fachöffentlichkeit" gesucht werden soll. Zum Masterplan gibt er keine Auskünfte.

09.09.2013 **Bereitstellung der Wettbewerbsunterlagen** für die geladenen und ausgewählten Teilnehmer des 2-stufigen, nicht offenen Wettbewerbs. Die Unterlagen wurden nie öffentlich gemacht. Die Jury der zweiten Stufe findet am 25. und 26.02.2014 statt; die Projekte weisen gegenüber der ersten Stufe teilweise auffällige Verdichtungen und Änderungen im Konzept auf.

20.09.2103 **ÖGFA_Vortrag:** Andreas Novy, Jenseits der neoliberalen Stadt – gutes Leben für alle; Start des neuen Jahresprogramms „Das Geschäft mit der Stadt"

27.09.2013 **ÖGFA_Stadtdiskursvisite 01: Danube Flats**
Führung und Diskussion: Rudolf Kohoutek, Christoph Mayrhofer; Moderation: Andreas Vass

11.10.2013 **ÖGFA_Stadtdiskursvisite 02: WEV und Hotel InterContinental**
Führung und Diskussion: Otto Kapfinger, Gunther Wawrik; Moderation: Andreas Vass

29.10.2013 **ÖGFA_Podiumsdiskussion: Ringzone**
im AzW-Podium mit Otto Kapfinger, Lilli Licka, Erich Raith, Reinhard Seiß, Maria Vassilakou; Moderation: Andreas Vass

29.11.2013 **ÖGFA_Impulsvorträge:** Modell-Check – Liegenschaftspolitik
Fritz Schumacher, Florian Schmidt, Bettina Götz, Moderation: Angelika Fitz

13.12.2013 **ÖGFA_Vortrag:** Artur Kanonier, Umgang mit Widmungsgewinnen und Widmungsverlusten

28.02.2014 **Pressekonferenz, Eröffnung der Wettbewerbsausstellung**

28.02.2014 **ÖGFA_Impulsreferate, Diskussion:** Das Baurecht: Mittel gegen Bodenspekulation? Bettina Köhler, Christoph Luchsinger, Rolf Novy-Huy (Textfassung seines Beitrags S. 82–86); Moderation: Gabu Heindl

07.03.2014 **ÖGFA_Podiumsdiskussion:** kooperativ verfahren? Zu den Chancen und Grenzen kollektiver Planungsprozesse. Marlies Breuss, Walter Chramosta, Rudolf Kohoutek, Robert Korab; Moderation: Andreas Vass

31.03.2014 **Zweiter offener Brief der Wiener Architekturinstitutionen an Maria Vassilakou:** Stellungnahme zum Wettbewerbsergebnis; an den Kritikpunkten und Forderungen der Architekturinstitutionen vom Mai 2013 hat sich nichts geändert, da das Siegerprojekt diese Punkte nicht aufgreift. Vielmehr ist durch die Überschreitung der Grundstücksgrenze und Inanspruchnahme öffentlichen Raums an der Lothringerstraße im Ausmaß von ca. 1.000 m^2 (in Abweichung von der Auslobung, wie die Vorprüfung festgestellt hatte) ein weiterer, wesentlicher Kritikpunkt hinzugekommen.

25.04.2014 **ÖGFA_Vortrag:** Friedrich Schindegger, Verantwortung für den Raum

20.06.2014 **ÖGFA_Stadtdiskursvisite 03: Bauplatz Prater**
Führung und Diskussion: Peter Klopf, Thomas Proksch, Brigitte Redl-Manhartsberger; Moderation: Andreas Vass

11.11.2014 **Masterplan Glacis** wird von der Wiener Stadtentwicklungskommission „zur Kenntnis genommen" und könnte damit im Gemeinderat beschlossen werden, was bis zum Redaktionsschluss dieser Ausgabe nicht erfolgt ist.

16.01.2015 **Andreas Vass: „Vom Glück das wir nicht wollen"** – Artikel zum Masterplan Glacis, Spectrum, *Die Presse*. Der Text stellt die Frage, wessen Interesse das Konzept für „Entwicklungspotenziale" an der Ringstraßenzone dient, und analysiert die Mittel, mit denen diese Interessen bedient werden. Alternativ zur morphologischen Studie des Masterplans, lädt der Text ein, das Ringstraßenareal als offenen, parkartigen Raum mit frei stehenden Monumenten und Baublöcken in Axial- und Übereckbeziehungen im Sinn von Schinkels „romantischem Städtebau" zu lesen. Nicht die Ortung von baulichen „Entwicklungspotenzialen", sondern das Verständnis der herausragenden Bedeutung dieses Raums als der stadtbaukünstlerischen Leistung Wiens sollte Ziel stadtmorphologischer Untersuchungen sein.

16.06.2015 **ÖGFA_Podiumsdiskussion: Wie modern ist die Ringstraße?**
Renate Banik-Schweitzer, Franz Denk, Christian Kühn, Vittorio Magnago Lampugnani; Moderation: Andreas Vass; Diskussion zur Frage der Modernität der Ringstraßenanlage. Die weltweite Bedeutung aus stadthistorischer Sicht und die Qualitäten als zeitgenössischer öffentlicher Raum werden einhellig anerkannt. Sowohl am Podium als auch im Publikum wird das Projekt am Heumarkt einhellig kritisiert und als an diesem Ort inadäquat abgelehnt.

Rudolf Kohoutek

Urbanistischer Somnambulismus. Über den (un-)willkürlichen Umgang mit der dichten Stadt

Ausgangspunkt der Überlegungen ist, dass es in jeder Stadt so etwas wie einen ‚urbanistischen Grundkonsens' gibt, der über die expliziten Diskurse hinaus (Ziele, Konzepte, Pläne, Verfahren) die unausgesprochenen Grundlagen des Städtebaus beinhaltet und der von den relevanten Akteuren ohne ausdrückliche Zustimmung geteilt wird. Dieser urbanistische oder städtebauliche Grundkonsens umfasst sowohl lokale als auch globale, jedenfalls europäische Vorannahmen darüber, wie Städtebau gedacht wird und welche ‚Bilder' wirksam werden sollen. Auch die mehr oder weniger regelhaften und erwartbaren Interessenskonflikte sind im weiteren Sinn Bestandteil dieser implizit wirksamen Muster.

Diese Hypothese geht davon aus, dass für die Abwicklung städtebaulicher Planungen und Verfahren die ausdrücklich gegebenen schriftlichen Dokumente (Ausschreibungen, Bauordnung, Jury-Protokolle etc.) nicht ausreichen und die grundsätzlichen Parameter des jeweils praktizierten Städtebaus von Fall zu Fall ebenso wenig neu und hinlänglich artikuliert werden können. Man könnte den latenten Grundkonsens auch als den ‚unbewussten' Anteil des Städtebaus bezeichnen.

Vom hier postulierten urbanistischen Grundkonsens lassen sich auch gewisse Brücken zur „Eigenlogik der Städte" herstellen, einem neueren Ansatz der Stadtsoziologie: Unter „Eigenlogik" versteht Martina Löw „die verborgenen Strukturen der Städte als vor Ort eingespielte, zumeist stillschweigend wirksame Prozesse der Sinnkonstitution"[1] als „unhinterfragte Gewissheiten".[2]

Dieses Konzept nahm seinen Ausgang zunächst in Städtevergleichen, die solche vermuteten „Eigenlogiken" besser verdeutlichen können als bloße Forschungen zur ‚eigenen Stadt'. Man kann sogar davon ausgehen, dass die Stadtforschung – Studien, Erhebungen, Diskurse – innerhalb einer Stadt selbst auf einem breiten Sockel von Vorannahmen aufbaut, dass also der Horizont der Forschungsfragen bereits ein Teil des – zumeist nicht weiter hinterfragten – ‚urbanistischen Grundkonsenses' ist.

Der Ansatz zur Eigenlogik der Stadt zielt auch auf einen Paradigmenwechsel in der Stadtsoziologie, indem den räumlichen, materiellen, bildlichen Grundformen ein höheres Gewicht zugesprochen wird, gegenüber der bisherigen Stadtsoziologie, die die sozialen Prozesse ‚in der Stadt' thematisierte, dabei aber die räumlichen, strukturellen und historischen Formen und Determinanten jeweils voraussetzte.

Für die folgenden Überlegungen soll der Schwerpunkt auf der historisch geprägten dichten Stadt liegen. Für Wien ist dies im Wesentlichen die gründerzeitliche Stadt.

Die Wirksamkeit und Stärke dieser gründerzeitlichen Prägung besteht darin, dass gleichsam ‚über Nacht', d.h. von 1860 bis 1890, also innerhalb weniger Jahrzehnte, eine

Das generelle
Auffüllen des Wiener
Stadtraums ist
ebenso wenig ein
attraktives Zukunfts-
bild für die dichte
Stadt wie die
Genehmigung von
Ausnahmen aller Art.

neue und durchgängige Raumstruktur etabliert wurde, die mit einem Minimum an Vorannahmen und Regeln auskam und in einem Schritt die Verbindungslinien der Straßen und die Bebauungsstruktur festlegte: Baublock, Parzelle, Innenhöfe, Fassaden sowie die ‚Ausnahmen' für öffentliche Gebäude, Stiegenanlagen, Uferzonen etc. Aber auch die Regeln und Leitbilder für Sonderbauten und Sonderflächen waren völlig in diese Raumlogik eingefügt: Kirchen, Schulen, Verwaltungsgebäude oder Parkanlagen waren leicht variierte Formen innerhalb des gründerzeitlichen Baublockrasters. Dieser Grundkonsens erstreckte sich sogar bis in das Repertoire des historistischen Fassadenschmucks, der Dachformen und Erdgeschosszonen, innerhalb dessen die Architekten ihre kleinen, aber oft sehr phantasievollen Variationen entfalteten.

Die großen Wohnhausanlagen der Gemeinde Wien in der Zwischenkriegszeit zeichneten sich durch einen sehr kreativen Umgang mit diesen stadträumlichen Vorgaben der Gründerzeit aus, indem zwar völlig neue, größere Einheiten entworfen und räumlich dynamisiert wurden, dabei aber – wo immer möglich und sinnvoll – die straßenseitige Randbebauung weiterhin praktiziert wurde.

Der Städte- und Wohnbau der Wiener Nachkriegsmoderne ist bekannt: die Abschaffung der geschlossenen Blockrandbebauung paradoxerweise genau ab jenem Zeitpunkt um 1955, als die Motorisierungskurve (PKWs pro Einwohner bzw. Haushalt) rasant anstieg. Aber auch diese städtebaulichen Dispositive waren nur rudimentär in schriftlichen Regeln festgehalten; sie wurden vielmehr indirekt, aber umso nachhaltiger, in gemeinsam geteilten ‚Bildern' und einigen wenigen Begriffen wirksam. Architektur und Städtebau der Restmoderne sind allerdings bis heute für das vorherrschende Unverständnis, was die Raumqualitäten der dichten Stadt betrifft, verantwortlich.

Der stärkste Einschnitt der Moderne bestand – neben der Verstärkung der Funktionstrennung – in der Abschaffung der ‚Straße' als qualifiziertem urbanem Raum – sowohl der städtischen Hauptstraße als auch aller Formen kleinerer belebter Straßen mit einer Bündelung von Einrichtungen, Geschäften, Lokalen. Abgeschafft wurden aber auch die großen und kleinen Plätze und Parks sowie dezentrale urbane Zentrumsbildungen außerhalb des dicht bebauten Stadtgebiets. Auch diese problematische ‚Innovation' war weniger Gegenstand von Programmschriften und deklarierten Leitbildern als ein informeller Konsens, den die gesamte Planerzunft unausgesprochen teilte.

In diesem Prozess des Verlusts von lokaler Urbanität spielten unterschiedliche Kräfte eine Rolle: Abgesehen vom PKW als Leitobjekt der städtischen Mobilität waren es die zunehmende Konzentration des Kaufverhaltens auf Supermärkte bzw. Einkaufszentren, Veränderungen des Arbeitslebens bzw. des Freizeitverhaltens, das Kinosterben, die Schließung der Mehrzahl der ehemals durchgängig verbreiteten Lokale im gründerzeitlichen Wien etc. Der Erosionsprozess der lokalen Urbanität schreitet auch heute noch fort und wird relativ ratlos vor allem entlang der Nutzung der Erdgeschosszonen – deren Leerstände, mögliche Alternativen und Programme – verhandelt, nicht ohne laufend neue private Garageneinfahrten zu genehmigen.

Die Fragen, die sich daraus ergeben, sind, welche unausgesprochenen und kaum diskutierten Prämissen und (Hintergrund-)Bilder im gegenwärtigen Städtebau vorherrschen und in den Ausschreibungen und Prämierungen städtebaulicher Verfahren wirksam werden, aber auch, welcher urbanistische Grundkonsens in Bebauungsplänen ohne die ausdrückliche Definition von Eckpunkten und Raumqualitäten enthalten ist. Um stärker und kreativer, aber auch funktionsgerechter in die Raumstrukturen der dichten Stadt eingreifen zu können, bedarf es eines klareren stadtpolitisch wie fachlich geteilten Verständnisses für die entsprechenden Raumfiguren, aber auch konkreter Bilder.[3]

Wandel der Voraussetzungen

Die Hypothese eines real wirksamen urbanistischen Grundkonsenses geht bewusst nicht von den Interessen und Zielen der einzelnen Gruppen städtischer Akteure aus. Vielmehr wird ein bestimmtes Maß an historisch bzw. in der Praxis gewachsenen gemeinsamen Überzeugungen und Bildern vorausgesetzt.

Die städtebaulichen und architektonischen Formen betreffend kann man von einem gewissen Einschnitt um 1990 ausgehen, was mit den Folgen der Ostöffnung und den Planungen für die Weltausstellung Wien–Budapest für 1995 korreliert. Etwa von diesem Zeitpunkt an schienen aus ganz unterschiedlichen Gründen die etablierten und praktizierten Raum- und Gebäudetypologien nicht mehr ausreichend zu sein.

Heute wächst zwar in einigen Milieus das positive Verständnis für die Raum- und Baustrukturen der dichten Stadt. Es ist aber insgesamt noch nicht sehr elaboriert. Grund- und Hauseigentümer sowie Architekten erklären auch ganz offen, dass sie alle diesbezüglichen ‚Einschränkungen' am liebsten abgeschafft hätten und sich projektbezogen ihre ‚Regeln' selber definieren möchten.

Der Umgang mit der dichten, gründerzeitlichen Stadt wird aktuell von zwei Determinanten bzw. Eckpunkten bestimmt:

1. Massive Bemühungen des Immobilien-Developments, die Verwertung von Grundstücken und Häusern zu optimieren, wobei Lücken in Regelungen und qualitativen Vorgaben zunehmend professionell ausgenützt werden und massives Lobbying dieser Interessensgruppen zugunsten größerer ‚Freiheiten' betrieben wird.
2. Bevölkerungswachstum: Das reale Bevölkerungswachstum der letzten Jahre wird in den entsprechenden Prognosen fortgeschrieben, was ohne Zweifel Handlungsbedarf für die gesamte Stadtentwicklung mit sich bringt. Man darf aber auch nicht vergessen, dass neben der ungebrochenen Attraktivität von Wien als Stadt mit hoher Lebensqualität, der geografischen Lage und den historischen Prägungen auch eine Reihe von Determinanten eine Rolle spielen werden, die heute nicht abschätzbar sind. Neben den hohen Kosten für den Ausbau der technischen und sozialen Infrastruktur sowie der Sozialleistungen wird die Verfügbarkeit von Arbeitsplätzen der zentrale Faktor sein. Dabei werden auch Regelungen der EU für die Zuwanderung und die gesamtwirtschaftliche Entwicklung eine Rolle spielen.

Insgesamt bahnen sich weiterreichende Strukturentscheidungen an, die im neuen Stadtentwicklungsplan 2025 für Wien eher allgemein umrissen sind und erst in den verschiedenen Handlungsfeldern geprüft und umgesetzt werden können. Ein deutlicher Paradigmenwechsel gegenüber der Stadtentwicklung der letzten 50 Jahre bzw. auch der städtischen Lebensformen wird in zwei Richtungen umrissen, die beide quasi überraschend kommen und sowohl die jüngere als auch die ältere Bevölkerung am falschen Fuß erwischen könnten: *Verkleinerung von Wohnungsgrößen* und *Verdichtung der ohnedies dichten Stadt* (unter dem Programm-Titel „Nachverdichtung").[4]

Wenn die Verkleinerung von Wohnungsgrößen über den phasenweise verstärkten Neubau von kleineren Wohnungen (‚Smart-Wohnen') für die große Zahl von Ein- und Zweipersonen-Haushalten hinausgeht, schränkt sie die Familiengründungen, den Wunsch nach Kindern, die notwendige Flexibilität der Lebensformen (Trennungen, Patchwork-Familien, Wohnraum für die Kinder in den Wohnungen beider Elternteile, temporäres Wohnen der älteren Generation in den Familien etc.) beträchtlich ein. Eine generelle Verkleinerung von Wohnungsgrößen würde auch dem Faktum nicht gerecht werden, dass immer mehr Arbeiten einschließlich des individuellen Medienumgangs innerhalb der Wohnung stattfinden. Es wird stadtentwicklungs-, wohnungs- und sozialpolitisch nicht ganz einfach sein zu erklären, dass die Zeit der Wohnungszusammenlegungen mehr oder weniger Geschichte wäre und dass man künftig vielleicht die vielen zusammengelegten Bassena-Wohnungen allmählich wieder in kleinere Einheiten umrüsten möchte.

Ebenso wird es nicht leicht sein, das Versprechen von mehr Grün- und Freiräumen in der dichten Stadt wieder zurückzunehmen, dessen Umsetzung bei starker Nachverdichtung schwierig werden könnte. Dazu kommen auch die Folgen von vermehrtem Stress im Berufs- und Alltagsleben (wie immer dies zu beschreiben und zu bewerten ist), mit dem Effekt, dass ‚Empfindlichkeiten' gegenüber Störungen aufgrund zu großer Nähe etc. zunehmen.

Eines der größten Hemmnisse nicht nur für die Nachverdichtung, sondern für jegliche Anpassung der historischen Bausubstanz an neue Anforderungen ist auch der hohe Anteil von parifizierten Objekten im dicht bebauten Stadtgebiet. Auf der Basis einer noch groben Überschau muss man davon ausgehen, dass in allen gründerzeitlichen Stadtgebieten von Wien der Anteil an parifizierten Häusern zwischen 35 und 50 % liegt. Die einzelnen Häuser bzw. Baublöcke beinhalten so viele Eigentumswohnungen (zumeist in mit Mietwohnungen gemischten Objekten) und neu ausgebaute Dachwohnungen, dass eine großzügige Modernisierung und Verdichtung der Bausubstanz nur schwer umzusetzen ist.

In diesem Fall stehen einander zunächst die Interessen des kleinen Kapitals (Wohnungseigentum, kleine Geschäfte, lokale und traditionelle sowie neue Kleinbetriebe) und des mittleren bis großen Kapitals (institutionelles Grund- und Hauseigentum, Immobilienfonds etc.) gegenüber.

Insgesamt kann man sagen, dass Nachverdichtung zwar ein plausibles ‚statistisches' Ziel der Stadtentwicklungspolitik sein mag, dass aber keine Gruppe – außer den Grund- und Hauseigentümern sowie der Immobilienwirtschaft – Vorteile daraus erwarten kann.

Verdichten, Auffüllen und ‚Zurinnen' von Stadträumen

Derzeit angestellte Berechnungen zur Ausschöpfung von laut Widmung möglichen zusätzlichen Kubaturen klingen aus stadträumlicher Sicht eher wie eine gefährliche Drohung, wenn es z.B. um ‚Anteile von nicht ausgenützten Widmungen' geht, wo aufgestockt werden könnte, gleichgültig, ob es sich um stadträumlich wertvolle – aber nicht dem strengen Schutz unterliegende – Bausubstanz handelt, oder um die ‚Reste gewerblicher

Nutzungen', die ebenso wie niedrige Gebäude, Freiflächen mit ein paar Bäumen, Gastgärten oder Leerstände als Zukunftspotenzial offen zu halten wären (z.B. in Form von temporären Nutzungen).

Heute gibt es in den dicht bebauten Stadtgebieten von Wien immer wieder (oder: gerade noch) wertvolle Ausnahmen in Form von reizvollen räumlichen Situationen mit der Qualität, dass enge Gassen durch ‚Lücken' aufgehellt werden, die Ankerpunkte lokaler Identitäten und Atmosphären darstellen und auch ein minimales Potenzial an Erinnerung und Geschichte bilden.

Das generelle Auffüllen und ‚Zurinnen' des Wiener Stadtraums in Richtung einer durchgängig gleichen Traufhöhe (und bei jedem Neubau einer schleichend eingeführten leichten Erhöhung der Gebäude) ist ebenso wenig ein attraktives Zukunftsbild für die dichte Stadt wie die Genehmigung von Ausnahmen in Richtung einer Nutzflächen- und Profitmaximierung von Investoren ohne stadträumliche Vorstellungen.

Bei genauerer Betrachtung einiger Teilgebiete im dichten Stadtgebiet kann beobachtet werden, dass attraktive Sondersituationen (Unregelmäßigkeiten durch ältere Straßenführungen, kleinere ehemalige Gewerbebauten, unbebaute Grundstücke mit inzwischen dichtem Baumbestand) einer reizlosen geschlossenen Bebauung weichen mussten. Die Entropie geht in Richtung gleichmäßiger Auffüllung des Bauvolumens und der Abschaffung aller historischen und topografischen Unregelmäßigkeiten.

Dazu kommt, dass die architektonische Qualität dieser Neubauten oft ziemlich dürftig ist, sodass auch diesbezüglich ein positiver Effekt nicht zum Tragen kommt – nämlich wirklich neue attraktive Akzente als Zeichen von Lebendigkeit und Dynamik innerhalb der alten Stadträume zu setzen.

Ein eigentumsrechtliches Grundproblem für die Entwicklung von Stadträumen ist der in einen ‚falschen' Bereich importierte ‚Gleichheitsgrundsatz'. Ungleichheiten in der Verwertung von städtischen Parzellen wurden in der Gründerzeit mit der Festlegung der vom Zentrum zum Stadtrand abfallenden Bauklassen etabliert. Das war ein urbanistischer ‚Coup', den man offenbar damals den Grundeigentümern aufbürden konnte, da das Bild eines städtischen Höhengefälles von innen nach außen kaum in Frage gestellt wurde. Diese Bauordnung als Raumordnung wurde über 100 Jahre lang für tragfähig erachtet: Weder gab es nennenswerte Ausnahmen in Richtung abrupter, vereinzelter Aufzonungen, noch die als Dachausbau getarnte Aufstockung.

Denkmalschutz war ein einigermaßen etabliertes bürgerliches ‚Ungleichbehandlungs-Gesetz' im Hinblick auf die Immobilienverwertung: Denkmal als Schicksal. In etwas offenerer Form waren bzw. sind es die Schutzzonen, die die freie Verwertung von Grundstücken und Gebäuden einschränken. Mit der technischen oder wirtschaftlichen Abbruchreife wurde aber immer versucht, die Freizügigkeit wieder zurückzugewinnen. ‚Ungleichheiten' sind bei Grundeigentümern nur dort beliebt, wo durch Erhöhung der Kubatur zusätzliche Profite zu lukrieren sind.

Unter die Räder kamen und kommen heute laufend Objekte und stadträumliche Situationen, die keinen ‚Wert' innerhalb des Denkmalschutzes bzw. der Schutzzone darstellen. Einer der kundigsten Experten für Baurecht, Karl Schiller, hat noch um die Jahrtausendwende deklariert, dass im städtischen Raumzusammenhang ‚Ungleiches' eben nicht gleich sei, und hätte bei entsprechender, allerdings höchster legistisch-argumentativer

Zu Recht wird immer wieder das Fehlen einer mittleren Ebene im Wiener städtebaulichen Instrumentarium zwischen Stadtentwicklungsplan (STEP) und Flächenwidmungs- und Bebauungsplan beklagt.

(weil private Renditen antastender) Anstrengung es für möglich gehalten, dass dieses Prinzip der ‚urbanen Ungleichheit' auch verfassungsmäßig tragbar verankert werden könnte, dass also ein Haus an einem prominenten Platz oder am Ufer des Wienflusses oder des Donaukanals von seiner stadträumlichen Bedeutung und Wirkung eben nicht mit einem Objekt im regulären gründerzeitlichen Rasterviertel gleichzusetzen wäre.

Welche Erklärungen für schlechte urbanistische und architektonische Praxis können wir heute vorweisen, außer das versuchte Gewinnstreben von Eigentümern, einen zu engen Auftragsrahmen für ArchitektInnen, verfügte Kostenlimits und eine Stadtplanung mit allzu eingeschränkten Kompetenzen zur stadträumlichen Qualitätssicherung, was aber selbst bereits entsprechende Raumbilder und Kriterien voraussetzen würde?

Das durch die Ideologien einer heruntergekommenen Moderne bewirkte fehlende Verständnis für die Raumqualitäten der dichten Stadt ist eines der Haupthindernisse für die Entwicklung entsprechender neuer Bilder sowohl für einen stärkeren Stadtumbau innerhalb der dichten Stadt als auch für die Schaffung neuer urbaner Stadträume in Entwicklungsgebieten.

Die fehlende Kohärenz neuer Raumbilder lässt sich bis zu einem gewissen Grad auch am Beispiel des Nordbahnhofgeländes ablesen. Im Zuge der gut gemeinten Anlage eines fast gründerzeitlich zu nennenden rechtwinkeligen Straßennetzes wurde eine den heutigen Anforderungen entsprechende Differenzierung und Dimensionierung der Straßen verabsäumt. Auch wurde in der Praxis die Blockrandbebauung in inkonsequenter Weise so variiert, dass alle Baufelder (Baublöcke sind es ja nicht mehr) auch im Inneren öffentlich zugänglich sind, was einen diffusen öffentlich-halböffentlich-privaten Innenraum bzw. Gesamtraum zur Folge hat, demgegenüber das verfemte ‚Abstandsgrün' geradezu gebrauchswerthaft und poetisch war. Die fast durchgängigen Tiefgaragen unter den Grün- und Freiflächen, zum Teil auch unter Gehsteigen, verhindern Baumpflanzungen, attraktive Rasenflächen gedeihen nur mühsam, gewaltige Lüftungskästen stehen im Grünraum unmittelbar neben Sitz- und Kinderspielplätzen. Der Versiegelungsgrad ist generell hoch: im Schnitt ein Drittel Beton- und Asphaltflächen und zwei Drittel Grün-Restflächen ohne Bepflanzung mit einem minimalen Mobiliar aus vorgefertigten, skulptural geformten Betonelementen, auf denen man weder sitzen oder liegen noch spielen kann.

Regeln und Freiheiten / Nachahmung und Innovation

Der in der Fachwelt zwar eher kritisch aufgenommene Ansatz der „Eigenlogik der Städte" könnte – richtig weitergedacht – durchaus fruchtbare Impulse setzen, sowohl für die Stadtforschung als auch für Konzepte, Programme und Kriterien von Städtebau und Stadtgestaltung. Dazu wären folgende Schritte notwendig:

1. Die eingehendere Befassung und Bewertung historischer Bestände, nicht nur der Gebäude, sondern auch der Raumfiguren und stadträumlichen Sondersituationen, die neben Atmosphäre und Identität durchaus auch Gebrauchswert-Qualitäten haben.
2. Eine klarere Sicht auf jene Anforderungen – Raumbilder und Qualitäten –, die weder durch Einfügung, ‚Nachahmung' oder kontextunabhängige Implantate gelöst werden können und die echte Innovationen erfordern.

Gabriel Tarde hat in seinem epochalen – von der konkurrierenden Durkheim-Schule erfolgreich bekämpften und bis vor kurzem vergessenen – Werk *Die Gesetze der Nachahmung* die Wechselbeziehung von äußerst seltenen echten ‚Erfindungen' und dem überwältigenden Mechanismus der ‚Nachahmung' untersucht.[5] Tarde versteht unter Nachahmung die unabdingbare Grundform sozialer und kultureller Entwicklung. Das führte ihn dazu, die Gesellschaft geradezu durch sogenannte Nachahmungsketten zu definieren, wobei es – seltener als in gängiger Lesart – auch zu genuinen ‚Erfindungen' kommt: „Erfindung und Nachahmung sind die elementaren sozialen Handlungen".

Tarde zählt aber auch die Ablehnung von „Nachahmung" ohne neue qualifizierte Erfindung zum Komplex der Nachahmung. Auch Gegen-Nachahmung verbleibt in der Logik und in den Grenzen der Nachahmung.[6]

Die Innovationen der Moderne in Architektur und Städtebau – von Le Corbusier bis zur Charta von Athen – richteten in Ermangelung klarer politisch-ökonomischer Analysen ihre Kritik an der alten Stadt mehr auf die baulich-räumlichen Strukturen, als auf deren systemische Voraussetzungen. Am städtischen Elend des 19. und 20. Jahrhunderts waren aber nicht die alten Mauern und Straßen schuld, sondern vielmehr Ausbeutung, Ungleichheit und Armut. Funktionstrennung war zwar ein gedankliches Reinigungsritual, aber wenig geeignet als Modell für den Umbau der Städte. In verwässerter Form hatte diese Moderne in den Stadterweiterungen der 1950er bis 1970er Jahre abermals Konjunktur.

Zumeist wird auch ein wesentlicher Umstand vergessen: Urbanität war eher die indirekte Auswirkung einer Reihe von dynamischen Einflussfaktoren in der gründerzeitlichen Stadt, aber niemals ein deklariertes städtebauliches Programm, weder in Paris, London, Manhattan noch in Wien. Mit dem Wegfall dieser Energien – jeweils ursächlich bzw. zeitgleich verbunden mit den Folgen des Ersten und Zweiten Weltkriegs – endete diese ‚unwillkürliche' Urbanität und es dauerte 100 Jahre, um Urbanität und urbane Qualitäten zum Gegenstand aktueller positiver stadtentwicklungspolitischer und städtebaulicher Diskurse und Programme werden zu lassen. Dafür bieten auch veränderte städtische Lebensformen, Netzwerke, Dienstleistungen und die Digitalisierung neue Möglichkeiten und eine neue Begründung.

Paradigma Straße

Was für Urbanität allgemein gilt, gilt im Besonderen für die belebte städtische Straße: Sie war über Jahrhunderte bis einschließlich der Gründerzeit ein ‚Ergebnis', ein Effekt, ein implizit wirksames Dispositiv und wird heute erst allmählich als Programm und als Bild – bzw. als Prinzip städtischer Raumstruktur – wiederentdeckt und schrittweise neu erprobt.

Das Modell ‚Straße' kann man nicht neu erfinden, die unzähligen Variationen sind bekannt: Man kann städtische Straßen nur jeweils konkret interpretieren. Besonders in neuen Entwicklungsgebieten hat man seit Jahrzehnten einen großen Bogen um den Typus der ‚urbanen Straße' gemacht: Offensichtlich wäre es eine schwere narzisstische Kränkung für Stadtplaner, Städtebauer und Architekten gewesen, ganz normale Straßen entwerfen zu müssen.[7]

Marcel Hénaff geht in seinem bisher nicht übersetzten Buch *La ville qui vient* (Die kommende Stadt) sehr detailliert auf die urbane Grundform der Straße ein. Vor allem für das Verständnis der lokalen Straßen in den jeweiligen Stadträumen reicht die analytische Trennung von ‚öffentlichem' und ‚privatem' Raum nicht aus. Die kleinen, nicht-repräsentativen Straßen des dicht bebauten Stadtgebiets gehören eher zum Typus ‚gemeinschaftlicher Räume', die bestimmte Verhaltensweisen beinhalten und zu attraktiven Atmosphären und Stadträumen führen. Zwar sind auch die kleinen Straßen und Gassen ‚öffentlich' – im rechtlichen Sinn der öffentlichen Zugänglichkeit –, haben aber qualitativ mit dem ‚öffentlichen Raum' der großen Straßen und Plätze so gut wie nichts gemeinsam.

Marcel Hénaff tritt entschieden dafür ein, die ‚Straße' und den ‚kleinen Platz' als *espace commun* zu bewahren und auch als Grundgerüst in neuen städtebaulichen Planungen einzusetzen. Hénaff unterscheidet dabei vier Komponenten: *vicinalité* (Nachbarschaftlichkeit), *civilité* (Zivilisiertheit), *visibilité* (Sichtbarkeit) und *diversité* (Vielfalt, Unterschiedlichkeit)[8] – Qualitäten, die für zentrumsfernere Stadtteile und neue Entwicklungsgebiete ebenso wichtig sind wie für dicht bebaute Zonen.

„Die Straße in ihrer räumlichen Existenz – als nicht-zentriertes Netz, das von Zufälligkeiten der Benutzung und der Verbindungen bestimmt ist – nimmt schon in ihrer bloßen Form die der Stadt eigenen Möglichkeiten vorweg und realisiert sie auch: Beziehungen der tendenziellen Gleichheit, wie sie seit dem Mittelalter in Europa nicht aufgehört haben, sich als ‚städtische Freiheiten' (*liberté communale*) zu artikulieren, als ein zugleich öffentlicher und gemeinschaftlicher Raum."[9] Und weiter: „Die ‚gemeinsame Welt' [der lokalen Straßen und Plätze, der Grätzel und Quartiere etc.] hängt zusammen mit einer Meteorologie der Atmosphären, mit bestimmten Gruppen oder der Geographie der Geschmäcker und der an bestimmte Orte gebundenen Gefühle […], die eine urbane Ethologie erst zu beschreiben lernen muss."[10]

Hier ist auch von einem monoton wiederholten Konzept von ‚Durchwegung' bzw. ‚Durchlässigkeit' abzuraten: Wenn ein lokales Netz von Straßen, Gassen und kleinen Plätzen richtig angelegt ist, braucht es keine zusätzliche Durchlässigkeit in Form diffuser halböffentlicher Räume. Stattdessen geht es eher um eine Bündelung und Verknappung von Wegeführungen, die eine gewisse Fußgängerfrequenz, Belebtheit, Dichte und Sicherheit gewährleisten.

Vielfach kommt die Neuanlage dieser hybriden halböffentlichen Räume ja nicht aus einem stadträumlichen Konzept, sondern ist schlicht das Ergebnis einer Praxis, die einen möglichst hohen Anteil an Erschließungsflächen innerhalb der Bauplätze an die privaten Bauträger delegiert, während früher die Kommune für Straßen und Plätze zuständig war.

Der Haupteffekt ist, dass die inneren Grün- und Freiflächen, die früher ruhige, oft auch begrünte, benützbare und gestaltbare Höfe und Gärten waren, jetzt von Feuerwehrzufahrten, Tiefgaragenlüftungen, Wegen zu den Hauseingängen etc. durchzogen sind und der eingeschränkten Logik von Bauträgern bzw. Developern unterliegen. Dazu kommen noch Wohnungstypen mit Mieter- oder Eigentumsgärten in den inneren Erdgeschosszonen, die im Widerspruch zur gemeinschaftlichen Nutzung der haus- oder blockinternen Grün- und Freiflächen stehen.

Stadtumbaukultur

Zur Hypothese eines notwendigen neuen urbanistischen Grundkonsenses passt auch der Titel eines „Diskussionsbeitrags der Leitungsgruppe" eines großen Forschungsprogramms des Schweizer Nationalfonds, der die – über individuelle Positionen und singuläre Entwürfe hinausgehende – kollektive Dimension betont: „Unser *gemeinsames Grundverständnis* zur neuen urbanen Qualität".[11]

„Eine neue urbane Qualität geht von der Maxime einer qualifizierten Körperlichkeit von Stadt und Stadtagglomeration aus. Angesichts von Globalisierung wird das gesellschaftliche Leben immer stärker von einer Raumoffenheit von Netzwerken der weltweit verwobenen Wirtschaft oder des globalisierten Kulturschaffens durchdrungen. Die Raumgeborgenheit der Einwohnerinnen und Einwohner in der Stadt mutiert deshalb zu einem kontrastierenden Bild gegenüber der heutigen Situation. [...] Dabei werden die Außenwände der Gebäude so verstanden, dass sie als Innenwände der Stadt lesbar werden."[12]

Die in Wien noch weitgehend funktionierende und lebenswerte dichte Stadt erfordert eine subtile Stadtumbaukultur, soweit überhaupt ‚umgebaut' werden muss. Dazu gehört eine präzise Lektüre der Raumstrukturen und Qualitäten, die viel weniger regelhaft sind, als dies in der pauschalen Wahrnehmung bewusst ist. Der allgemein wirksame Grundkonsens – einschließlich der verfügbaren Instrumente und eingesetzten Verfahren – tendiert einerseits zur Einebnung wertvoller singulärer Raumfiguren und zur gleichmäßigen Auffüllung, wo noch Öffnungen und Unregelmäßigkeiten vorhanden sind, andererseits zu Investment-motivierten Sonderformen ohne vorausgehende stadträumliche Analyse der Bilder, Potenziale und notwendigen Regeln und Grenzen.

Zu Recht wird immer wieder das Fehlen einer mittleren Ebene im Wiener städtebaulichen Instrumentarium zwischen Stadtentwicklungsplan (STEP) und Flächenwidmungs- und Bebauungsplan beklagt. Die wertvollen Instrumente der Bezirksentwicklungs- und Bezirksgestaltungskonzepte, die in den 1980er Jahren für eine Reihe von Bezirken ausgearbeitet worden waren, wurden wieder aufgegeben, vermutlich, weil sie mit hohem Aufwand verbunden waren und überdies die Entscheidungsfreiheit für Projekte aller

Der aktuell wirksame urbanistische Grundkonsens führt aus der Wiener Angst, nicht genügend ‚modern' zu sein, zum schlampigen Umgang mit Räumen der Geschichte und Gegenwart: Ästhetischer Neoliberalismus als Teppich für Investoren und als Geschenk an die Bevölkerung.

Art eingeschränkt hätten. Gelegentlich werden Bebauungspläne für fertige Projekte nachgeliefert. Das Fehlen stadträumlicher – auf Raumbilder und räumlich übergreifende Zusammenhänge bezogener –Vorstellungen gilt im Wesentlichen auch für neue Entwicklungsgebiete. Städtebau stärker als Raum- und weniger als Baukörperkonzept kann auch schwerlich in projektbezogenen kooperativen Verfahren und Bauträgerwettbewerben nachgeliefert werden.

Eine solche mittlere Planungsebene müsste im Übrigen keineswegs flächendeckend für Wien bearbeitet werden, sondern vielmehr frühzeitig genau für jene Teilräume, in denen eine höhere Dynamik und größere Projekte zu erwarten sind. Private Entwicklungsgesellschaften, Developer und Bauträger können nicht die primären Agenten des Stadtraums sein, was ja gar nicht ihre Aufgabe ist. Auch ist die Adressierung der lokalen Bevölkerung als ‚AnrainerInnen' von punktuellen Projekten nicht dazu geeignet, eine qualifizierte Partizipation und eine dauerhafte lokale Identifikation mit städtischen Teilräumen zu fördern.

Eine heikle Frage betrifft die relativ hohe ‚Architekturlastigkeit' des Wiener Städtebaus, wobei der Begriff Städtebau für das Weiterbauen von Stadträumen selbst nicht den passenden konzeptiven Rahmen für stadträumliche Bilder, Qualitäten und Identitäten darstellt. Neue und attraktive Stadtraumkonzepte passen auch nicht in das beliebte Format von Masterplänen, die von ihrer Logik her Umsetzungspläne in Bezug auf Abstimmungen von Akteuren, Kostenteilung und Timing auf der Basis bereits artikulierter Bilder, Konfigurationen und Qualitäten sind.

Bei der Suche nach neuen attraktiven Bildern für städtische Räume und umfassenderen Konzepten von Nachhaltigkeit ist Wien durchaus nicht allein, vielmehr handelt es sich um eine weltweit offene Frage. Der vermehrte Einsatz von städtebaulichen bzw. stadträumlichen Wettbewerben – als Ausgangspunkt für kooperative Verfahren – sowie kontinuierlichere und qualifizierte fachinterne und öffentliche Diskussionen könnten Beiträge zu einem neuen urbanistischen Grundkonsens liefern.

Medial scheint die Zukunft der Bilder der Stadt von geringerem Interesse zu sein als z.B. Kunst- oder Theaterkritiken oder Fußballergebnisse in den Zeitungen und im Fernsehen. Damit werden paradoxerweise Diskussionen und selbst die Agenden der ‚Kritik' im Bereich von Stadt und stadtbezogener Architektur wiederum zu Aufgaben der öffentlichen Hand. Die Notwendigkeit bestünde darin, Evaluierung und Kritik von Architektur und Städtebau entlang abgeschlossener oder laufender Projekte aus der Logik der Verwertung politischen Kleingelds herauszunehmen und zur grundsätzlichen Annäherung an neue Bilder von Stadt zu nutzen.

Die Einebnung von Geschichte, Gegenwart und Zukunft scheint ein Schicksal des globalen Zeichensystems zu sein. Hier könnte es beim hohen Anspruch, den Wien an sich selbst stellt, reizvoll sein, durch eine breitere Mobilisierung künstlerischer, architektonischer, ökologischer und unternehmerischer Kreativität neue Akzente zu setzen, die über die aktuell beobachtbare tendenzielle Banalisierung von Stadträumen hinausführen. Dafür wären qualitative, den STEP 2025 ergänzende und differenzierende Stadtraumkonzepte zu erarbeiten, in die auch innovative Sozial- und Geisteswissenschaftler, KünstlerInnen und Akteure der Zivilgesellschaft und der ‚Szenen' eingebunden werden sollten. Insbesondere was den Bestand der Stadt betrifft, gehört dazu auch die delikate Aufgabe einer laufenden „Neuaneignung der Tradition".[13]

Demgegenüber vermischt der aktuell noch wirksame urbanistische Grundkonsens – aus der Wiener Angst, nicht ausreichend ‚modern' zu sein – den schlampigen Umgang mit Räumen der Geschichte mit vorgeblichen Investmentzwängen und verwechselt in einem ästhetischen Neoliberalismus Freiheit mit Beliebigkeit. Somit wäre die ‚Black Box' dessen, was sich in den entscheidungsrelevanten Feldern als Architektur- und Städtebauqualität eingeschliffen hat, erst eingehender zu untersuchen und gemeinsam zu diskutieren.[14]

1 Martina Löw, *Soziologie der Städte*, Frankfurt/M 2008, S. 19. Martina Löw, Helmuth Berking, *Die Eigenlogik der Städte. Neue Wege für die Stadtforschung*. Reihe „Interdisziplinäre Stadtforschung". Frankfurt/M 2008.

2 Jens Wietschorke, Rezension von Martina Löw, Soziologie der Städte. H-Net, Clio-online (2009-4-048). Das Konzept der Eigenlogik geht wiederum auf Argumentationen Rolf Lindners zurück, der seit 1996 – parallel zu Martyn Lee – Ansätze zur Analyse eines „Habitus der Stadt" entwickelt und dabei an Bourdieus Kultursoziologie angeschlossen hat. Rolf Lindner, „Der Habitus der Stadt. Ein kulturgeographischer Versuch", in: *Petermanns Geographische Mitteilungen* 147 (2003), 2, S. 46–53, hier S. 48.

3 Eine wirkliche Ausnahme stellte das kooperative Planungsverfahren zum Kabelwerk Wien-Meidling dar, wo völlig neue Bilder und Begriffe im Siegerprojekt des städtebaulichen Ideenwettbewerbs formuliert waren und auf dieser Grundlage die städtebaulichen Parameter in einem rund einjährigen kooperativen Prozess konkret entwickelt (allerdings nur zum Teil umgesetzt) wurden. Siehe: Rudolf Kohoutek mit Herbert Buchner und Volkmar Pamer, *Kabelwerk: Entwurfsprozess als Modell*. Reihe „Stand der Dinge". Magistrat der Stadt Wien 2004.

4 Beide Ansinnen entbehren nicht der Ironie, da es über Jahrzehnte – und einschließlich der Paradigmen der sanften Stadterneuerung – das erklärte Ziel war, die Wohnungsgrößen zu erhöhen und die dicht bebauten Stadtviertel aufzulockern. Dazu kommt: Der Integrationsprozess neuer Bevölkerungsgruppen in dichten Stadtvierteln ist durchaus positiv im Gange, würde aber bei Nachverdichtung wieder beträchtlich erschwert werden.

5 Gabriel Tarde, *Die Gesetze der Nachahmung*, Frankfurt/M 2009.

6 Ebd., S. 163 ff.

7 Heute ist es amüsant zu lesen, wie Le Corbusier über die „Straße" spottete: Er bezeichnete die Form der Straße als ‚Weg der Esel' (*le chemin des ânes*) und wollte sie endgültig abschaffen: „Die Korridorstraße mit zwei Gehsteigen, eingesperrt zwischen hohe Häuser, muss verschwinden." In: Le Corbusier, *Urbanisme*, Paris 1923, S. 10.

8 Marcel Hénaff, *La ville qui vient*, Paris 2008, S. 205, sowie in kurzen Auszügen: Marcel Hénaff, „Globale Urbanität. Die Stadt als Monument, Maschine, Netzwerk und öffentlicher Raum", in: *Lettre International*, Winter 2011, S. 98–111.

9 Hénaff 2008, S. 139 (Übers. d. A.)

10 Ebd., S. 201 (Übers. d. A.)

11 Schweiz: Nationales Forschungsprogramm NFP 65 „Neue urbane Qualität". http://www.nfp65.ch/D/Seiten/home.aspx.

12 Diskussionsbeitrag der Leitungsgruppe des NFP 65, S. 1–2. Kees Christiaanse, Vittorio Magnago Lampugnani, Christian Schmid, Günther Vogt (alle ETH Zürich): http://www.nfp65.ch/SiteCollectionDocuments/nfp65_grundverst_d.pdf.

13 Juliane Rebentisch, *Theorien der Gegenwartskunst*, Hamburg 2013, S. 18, bzw. Jacques Rancière, *Die Aufteilung des Sinnlichen. Die Politik der Kunst und ihre Paradoxien*, Berlin 2006, S. 42.

14 Die verstreute Kritik an einzelnen Projekten auf der Basis von Kriterien, die weder auf artikulierten fachlichen Diskursen noch auf einer einigermaßen vermittelbaren Verständigungsbasis aufbauen können, ist damit vorläufig ungenügend. Zu den komplexen Rechtfertigungslogiken für gesellschaftliche Diskurse und Bewertungen siehe: Luc Boltanski, Laurent Thévenot, *Über die Rechtfertigung. Eine Soziologie der kritischen Urteilskraft*, Hamburg 2007, Neuauflage 2014.

Otto Kapfinger

„You don't have to live in these apartments..." Luxuswohnen Rotenturmstraße

Dieses Foto verteilte ich Ende Dezember 2011 per E-Mail an rund 60 Adressen aus meinem Bekanntenkreis mit folgendem Kommentar:

Sehr geschätzte Damen und Herren! Zum Jahreswechsel mit den allerbesten Wünschen sende ich ein aktuelles Bild aus Wien: An der Ecke Rotenturmstraße/Hoher Markt im 1. Bezirk entstehen derzeit zwei Neu- bzw. Umbauten im Luxus-Segment. Das haushohe Staubnetz an der einen Ecke zeigt eine leicht geschürzte Dame und dazu die große Aufschrift: You don't have to live in these apartments to love Vienna. Owning them will do! – Ein in Kürze und Offenherzigkeit nicht überbietbares Statement zum Status der Planungshoheit in der Stadt. Die Immobilienspekulation regiert, „unrentable" Mieter oder Eigentümer werden ausgekauft, verdrängt, hochwertiger Stadtraum dem global rotierenden Kapital als lukrative Anlage zugeführt, angedient... Sie kennen diese seit Jahren wachsenden Mechanismen und Phänomene des Strukturwandels, der Entmündigung von Stadtpolitik durch spekulative Ökonomie. Dass sie sich inzwischen so selbstbewusst auch öffentlich darstellt wie an dieser Ecke im Herzen von Wien, ist mir neu. Es wäre eine stadtökonomische/psychopathologische Analyse und Studien wert. Mit freundlichen Grüßen! OK

In den darauffolgenden Monaten wurde dieser Befund an prominenten Punkten der Stadt schlagend akut. Zunächst bei der Planung der sogenannten „Danube Flats", einem Apartment-Hochhaus direkt an der Donau gegenüber dem DC-Tower, und dann beim Projekt zum „Areal Hotel InterCont-WEV-Konzerthaus". In beiden Fällen wechselte im Vorfeld öffentliches Gut zum Spottpreis ins Private, wurde und wird dann „öffentliches Interesse" als Begründung zur drastischen Änderung geltender Widmungen vorgebracht – in beiden Fällen sind aber primär privatwirtschaftliche Interessen für exklusive Anleger-Objekte im Spiel, in beiden Fällen agierten Stadtplanung und Stadtpolitik eher affirmativ im Sinn der Investoren, auf beide Projekte hat die ÖGFA in vielen Initiativen und Veranstaltungen kritisch reagiert, sich in enger Kooperation mit anderen, unabhängigen Fachinstitutionen Wiens exponiert – und beide Beispiele sind nur Spitzen eines Eisbergs, der wohl seit Jahren auch in dieser Stadt präsent ist.